W0209593

Savia

# música

sm

4 primaria

# TU LIBRO

## Lo más destacado...

### LA MÚSICA Y SU CONTEXTO

- Contenidos y audiciones que te ayudan a comprender la música en tu entorno.
- Ilustraciones a gran escala que se transforman en imágenes interactivas.

### ESCUCHA

Audiciones para aprender a escuchar la música con ayuda de musicogramas.

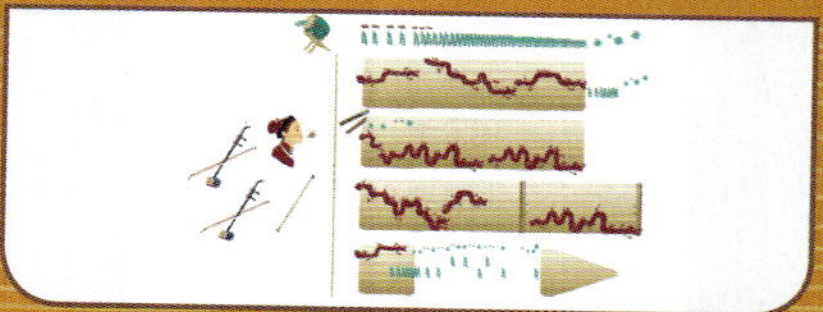

### LENGUAJE MUSICAL

Contenidos y actividades para ayudarte a comprender el lenguaje de la música.

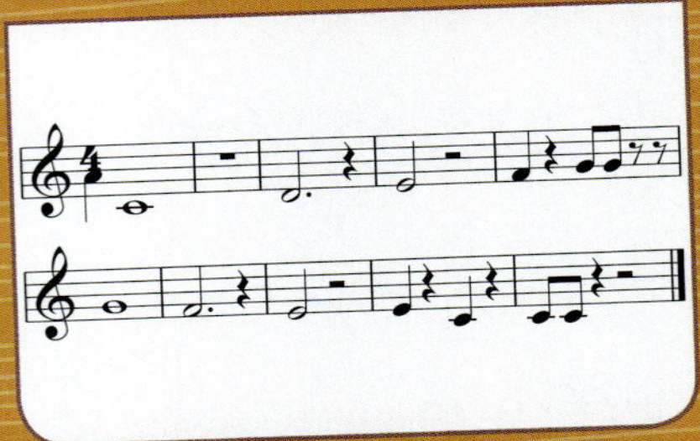

### INTERPRETACIÓN

- En la canción trabajarás lo aprendido en Lenguaje musical.
- Realizarás actividades para interpretar música en el aula con tu flauta y otros instrumentos.
- Y podrás interpretar música en conjunto.

## Y además... Música, movimiento y danza

### Danzas

Son propuestas relacionadas con el movimiento corporal.

### Funciones

Combinamos la danza, la interpretación musical y la dramatización.

### CD Audio

El CD incluye todas las canciones y piezas de flauta y una base musical para que las interpretes.

# Tu entorno de aprendizaje **Savia**digital

(www.smsaviadigital.com)
Tu sitio en la web para aprender y divertirte.

**Ponte a punto**

Actividades iniciales para recordar lo que ya sabes y prepararte para seguir aprendiendo.

**Practica**

Karaokes, karaogramas y musicogramas. Así, todo lo que aprendas no se te olvidará.

**Karaograma**

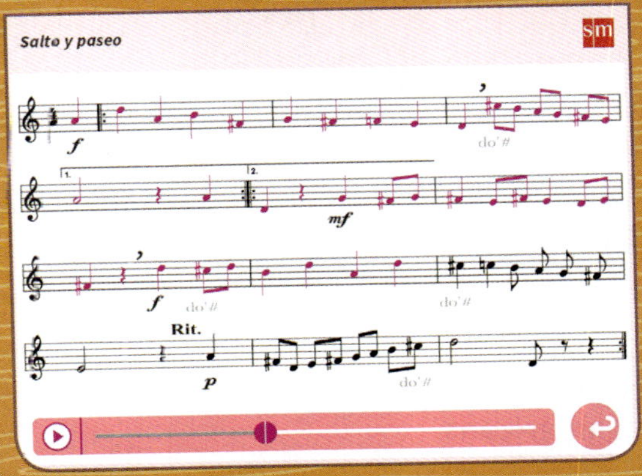


**Valora lo aprendido**

Actividades finales con las que comprobarás todo lo que has aprendido.

**Entrar en Savia**digital **es fácil:**

1. Escribe en internet la siguiente dirección: smsaviadigital.com
2. Regístrate. Anota y recuerda tu usuario y contraseña.
3. Introduce el número de licencia que encontrarás nada más abrir tu libro.

# Índice 4.º EP

1

# Músicas mediterráneas

## Escuchamos y hablamos

Cada país, pueblo y cultura tiene sus canciones, danzas e instrumentos propios. Es la música tradicional o folclore. En los países del mar Mediterráneo hay una música tradicional muy rica.

- Escucha ejemplos de músicas tradicionales de algunos países mediterráneos. ¿En qué se parecen? ¿En qué se diferencian? ¿Reconoces a qué país pertenece cada música? Responde en tu cuaderno.

- Comenta la imagen con tus compañeros. ¿Conoces alguno de estos instrumentos?

# Música y cultura. **Músicas del Mediterráneo**



Los pueblos de las costas del mar Mediterráneo siempre han estado en contacto. Por eso, algunos de sus ritmos, melodías e instrumentos tradicionales se parecen.

### Italia

La danza más popular es la **tarantela**. Se toca con mandolinas, flautas, violines, guitarras, pandereta y acordeón.

### Grecia

Los instrumentos más típicos son el ***buzuki*** y el ***baglama***. Son parecidos al laúd y a la guitarra.

### Turquía

Los **derviches** son unos monjes musulmanes. Bailan una danza muy curiosa que consiste en girar sobre uno mismo.

## Flamenco y música marroquí

En Marruecos hay un tipo de música muy emparentada con el flamenco. Es la **música andalusí**, que también se tocaba antiguamente en la Península Ibérica. Hay grupos mixtos de músicos árabes y flamencos.

Escucha e identifica cada una de estas músicas y sus instrumentos.

# Música y cultura. **El Mediterráneo: la mar de músicas**

El mar Mediterráneo baña las costas de tres continentes: África, Europa y Asia. Los países de estas zonas tienen una gran riqueza musical. Muchos de ellos han compartido ritmos, melodías e instrumentos con los países más cercanos.

Escucha estas músicas. ¿A qué país corresponde cada una?

smSaviadigital.com
PONTE A PUNTO Aprende más sobre la música del Mediterráneo.

# Audición. *Danza de Zorba,* de Mikis Theodorakis (Grecia)

Escucha esta música y trata de seguirla marcando el pulso o el acento.

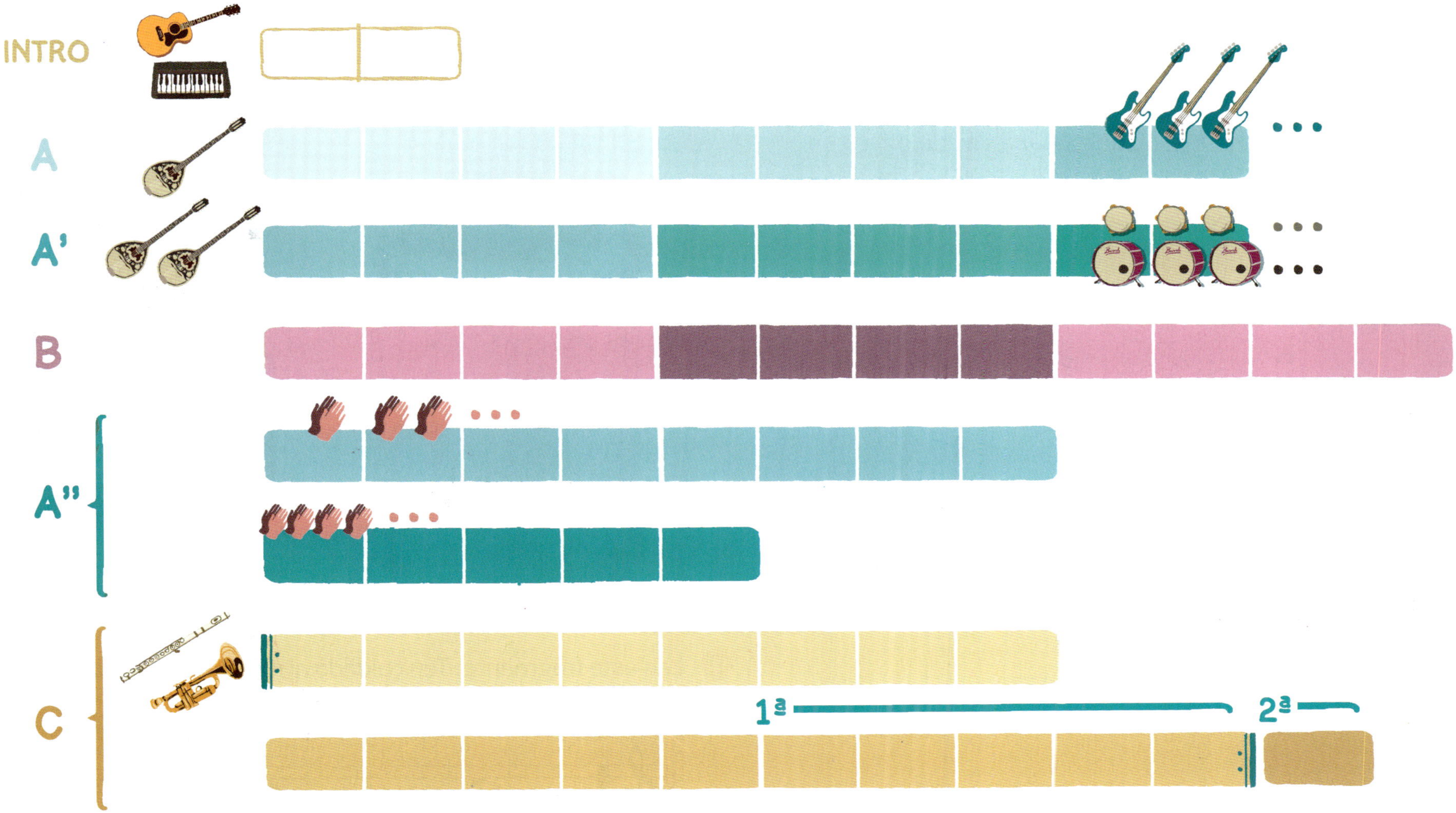


## ¿Sabías que...?

Esta danza es griega y se llama *sirtaki*. Es una de las melodías más famosas de Grecia. Su música fue compuesta para la película *Zorba, el griego*.

smSaviadigital.com
PRACTICA Aprende a sentir la música con el **musicograma**.

# Lenguaje musical. Características del sonido. Figuras rítmicas



- Cada sonido tiene cuatro características:
  - **Duración:** lo largo o corto que es.
  - **Tono o altura:** lo alto (agudo) o bajo (grave) que suena.
  - **Intensidad:** lo fuerte o suave que suena.
  - **Timbre:** lo que nos hace distinguir una voz de otra o un instrumento de otro.
- Las **figuras rítmicas** indican cuánto dura cada sonido o silencio.

| | | | | | |
|---|---|---|---|---|---|
| **Figuras** | 𝅝 | 𝅗𝅥. | 𝅗𝅥 | ♩ | ♫ |
| **Silencios** | 𝄻 | 𝄼. | 𝄼 | 𝄽 | 𝄾 𝄾 |

**1** Señala si estos sonidos son largos o cortos, agudos o graves y fuertes o suaves.

**a.**

**b.**

**c.**

**d.**

**2** Lee este fragmento. Ten cuidado al medir la duración de cada figura y de cada silencio.

# Canción. *Mi crucero musical*



Escucha y aprende esta canción.

PISTA 1

Navegaré
con mi velero, otra vez.
Surcando el mar,
para fortuna encontrar.
Voy con calma, tardaré un año
en cruzar el Mediterráneo.
(Estribillo)

Navegaré
con mi velero, al revés.
Voy hacia atrás,
al regresar a mi hogar.
Voy con prisa, ya llevo un año
recorriendo el Mediterráneo.
(Estribillo)

3 Canta este estribillo sin decir la última palabra. Haz un gesto inventado en su lugar.

## Ten en cuenta

Con tu voz puedes emitir sonidos con timbres muy distintos. Puedes cantar con voz dulce, estridente, ronca... Esto no afecta al tono, a la duración o a la intensidad de los sonidos que entonas.

smSaviadigital.com
PRACTICA Juega y aprende con el **karaoke**.

# Flauta. *Tarantela italiana*



## Ten en cuenta

La tarantela es un baile popular italiano muy rápido.

Al principio, debes tocar lento. Después, aumenta poco a poco la velocidad. Toca más fuerte las notas con acento >.

Repasa las notas y toca cada frase por separado. Después, sigue el esquema AA - BB - CC - AA para unir las frases.

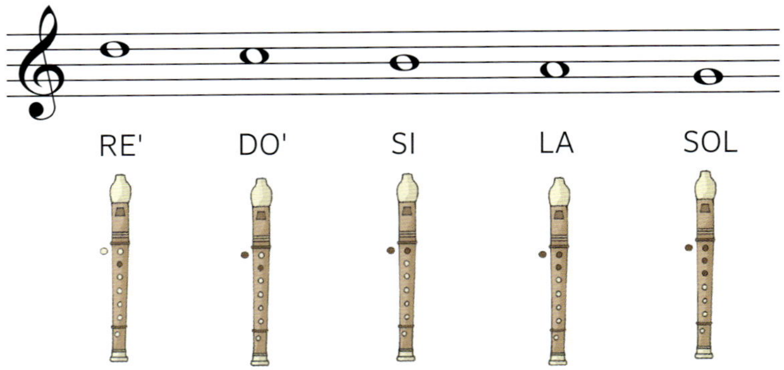


PISTA 3

sm**Savia**digital.com
PRACTICA Aprende a tocar esta canción con el **karaograma**.

# Interpretación musical. *Un sorbo de Zorba*

**4** Aprende estos patrones por separado. Después, con ayuda de tu profesor, interpreta el fragmento completo. ¿Adivinas de qué música se trata?

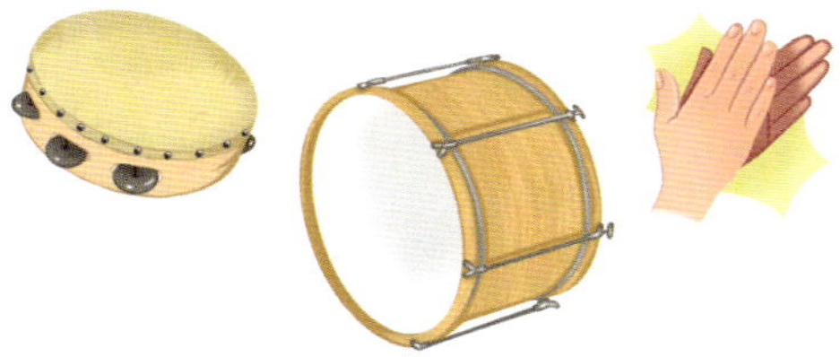

Interpreta esta pieza a la vez que suena la grabación original.

# Actividades

**1** Relaciona en tu cuaderno cada instrumento con su país.

MANDOLINA

PANDERETA

*BUZUKI*

*BAGLAMA*

**2** ¿Por qué se parecen algunos instrumentos de los países mediterráneos? Escribe en tu cuaderno la respuesta correcta.

a) Porque los instrumentos se hacen en la misma fábrica.

b) Porque los países mediterráneos siempre han estado en contacto.

c) Los instrumentos se parecen por casualidad.

**3** ¿Cómo se llama un tipo de música de Marruecos relacionada con el flamenco, que se tocaba antiguamente en la Península Ibérica? Responde en tu cuaderno.

**4** ¿Cuál de estas imágenes corresponde a una danza giratoria de derviches turcos? Responde en tu cuaderno.

**a.**

**b.**

**c.**

**5** Relaciona las dos columnas en tu cuaderno.

| | |
|---|---|
| Duración | Fuerte y suave |
| Tono o altura | Diferentes voces |
| Intensidad | Largo y corto |
| Timbre | Agudo y grave |

**6** Ordena en tu cuaderno de mayor a menor duración.

# Construimos un *cartocajón*



## Construimos nuestro instrumento musical y experimentamos con él

Vamos a construir un instrumento parecido al cajón de madera que utilizan los músicos flamencos para llevar el ritmo.

**MATERIAL**

- 1 caja de zapatos
- 2 gomas elásticas circulares
- 15 clips
- 3 palillos
- Tijeras

PASO 1 Dibuja y recorta un círculo en la tapa de la caja.

PASO 2 Haz tres agujeros en el fondo de la caja siguiendo el dibujo.

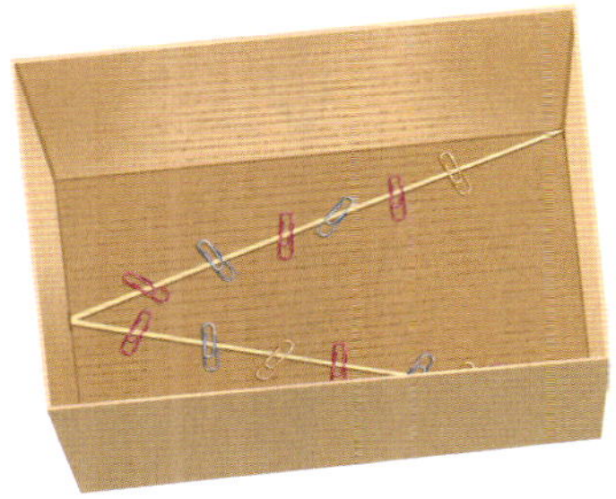

PASO 3 Engancha los clips en las gomas y colócalas en la caja tal como se indica.

PASO 4 Sujeta los extremos de las gomas con clips o palillos.

PASO 5 Pon la tapa, siéntate en una silla y coloca el cajón entre las piernas. Percute con las manos y los dedos.

PASO 6 Junto a tus compañeros, acompaña rítmicamente una de las músicas de la unidad.

### ¿Sabías que...?

El cajón es un instrumento peruano.

El gran guitarrista Paco de Lucía lo adaptó para utilizarlo en el flamenco.

# Danza 1 *Zemer Atik* (Israel)

## Antes de empezar

- Esta danza de Israel procede de otra llamada *Nigun Atik,* que en hebreo significa "Melodía Antigua".
- **Escucha** la danza que vas a bailar.
- **Nos vestimos.** Podemos vestirnos con trajes tradicionales de Israel. Los antiguos bailarines se descalzaban para bailar.
- **Antes de bailar** fíjate bien en los pasos y lee las instrucciones.

## Posición inicial

### Ten en cuenta

- Fíjate bien en la colocación inicial.
- Presta atención al inicio de la música para comenzar a tiempo.
- Sigue bien el pulso de la danza para no separarte de tu compañero.

## Estructura de la danza

| Intro | A | B |
|---|---|---|

## Los pasos del baile

**A**

**Paso 1**

Camina cinco pasos hacia delante. Comienza con el pie derecho.

**Paso 2**

Sin caminar, da tres palmadas: dos a la derecha y una hacia la izquierda. Termina mirando al centro.

**B**

**Paso 3**

Da dos pasos hacia el centro. Al mismo tiempo, eleva los brazos a la derecha y a la izquierda.

**Paso 4**

Agáchate y estira los brazos hacia delante. En esa postura, retrocede cuatro pasos.

# 2 Europa musical

## Escuchamos y hablamos

Cada zona europea tiene sus músicas tradicionales. Forman parte del folclore de los distintos pueblos y culturas.

- Escucha estos fragmentos musicales. ¿Reconoces algún instrumento? De las músicas, ¿cuáles te resultan más familiares?

- Comenta con tus compañeros los grupos musicales de la imagen. ¿Los has visto antes? ¿Dónde? ¿Sabes de dónde proviene cada uno?

# Música y cultura. **Músicas europeas**

En Europa conviven muchos países y culturas. Algunas de nuestras músicas y danzas tradicionales se parecen, pero otras son muy diferentes.

**Muchas zonas, muchas músicas**

- En los pueblos bañados por el océano Atlántico, encontramos la **música celta**, entre otras.
- El ***jazz manouche*** gitano, el **canto tirolés** (*yodel*) y la **polca** se escuchan en Europa Central.
- El pueblo gitano creó la **música cíngara** o romaní en Europa del Este.

## Instrumentos especiales

Las **trompas alpinas** son típicas de Europa Central. Están hechas de madera y tienen un tubo muy largo.

El ***kantele*** es un instrumento de cuerda pulsada de Finlandia (Europa del Norte).

Escucha y aprende a reconocer estas músicas europeas.

Trompas alpinas

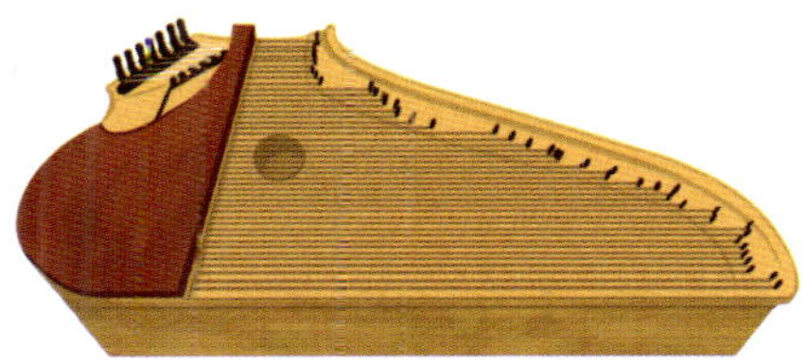

*Kantele*

# Música y cultura. **Viejo continente, músicas de siempre**

Europa está habitada por pueblos muy distintos con una larga historia. Por este motivo, tiene gran variedad musical.

Escucha estas grabaciones. ¿A qué tipo de música corresponde cada una?

smSaviadigital.com
**PONTE A PUNTO** Aprende cómo son algunas músicas de Europa.

# Audición. *La hoja* (Rumanía)



Esta hoja cayó de un árbol y ahora la empuja el viento. ¿Puedes averiguar cuántas veces se repite la canción antes de que suene la coda?

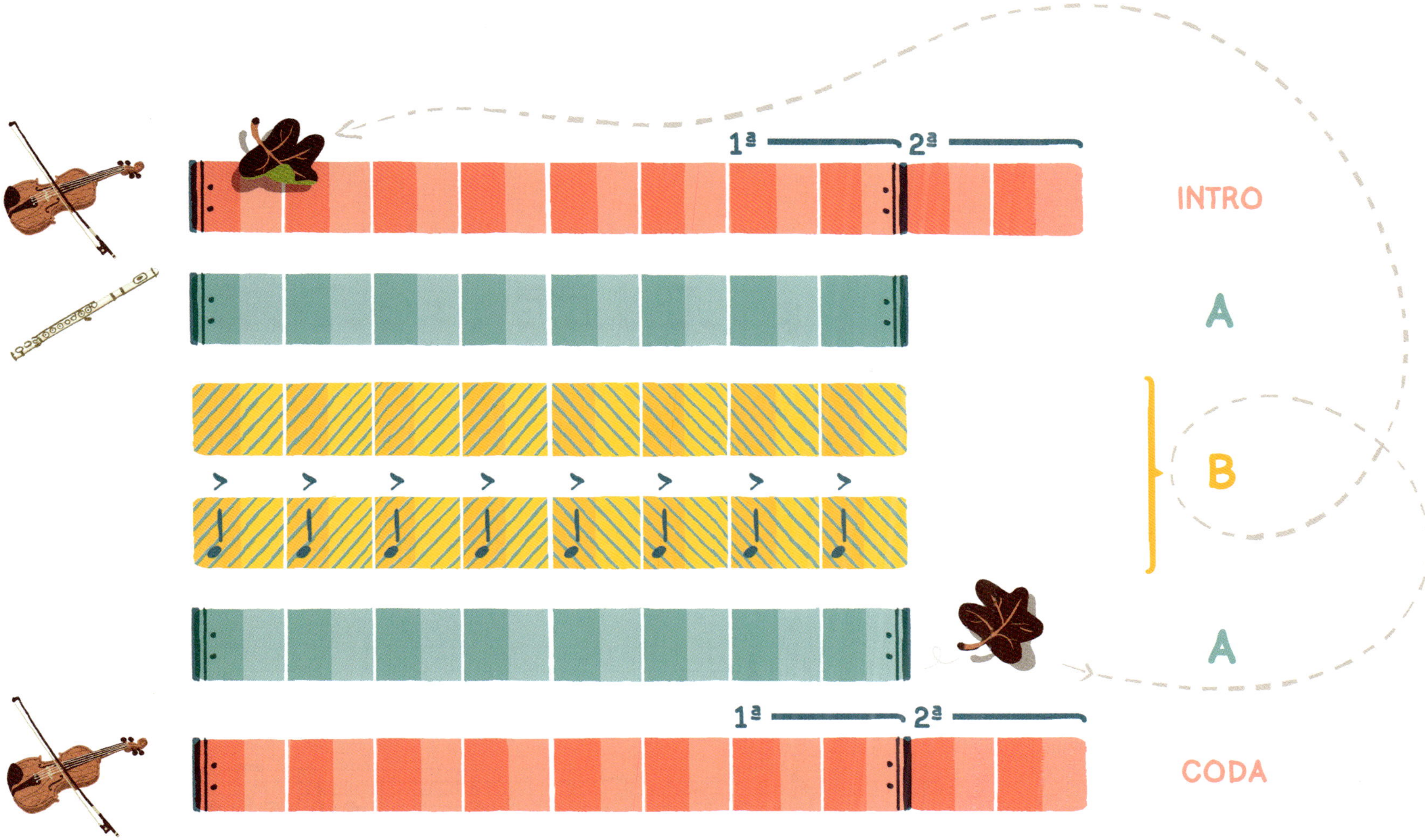


## ¿Sabías que...?

A veces, al repetir un fragmento, acaba de forma diferente. Por este motivo, se emplean casillas de 1.ª y 2.ª vez. Para no perderte, al repetir el fragmento, salta la casilla de 1.ª vez y pasa directamente a la 2.ª.

smSaviadigital.com
PRACTICA Aprende a sentir la música con el **musicograma**.

# Lenguaje musical. **Dinámicas. Semicorcheas**



- Los **matices** indican la intensidad o dinámica con la que debe interpretarse un sonido.

  ***f*** = *forte* (fuerte)

  ***mf*** = *mezzoforte* (medio fuerte)

  ***p*** = *piano* (suave)

- Las **semicorcheas** duran la mitad que las corcheas. Por eso en cada pulso caben cuatro.

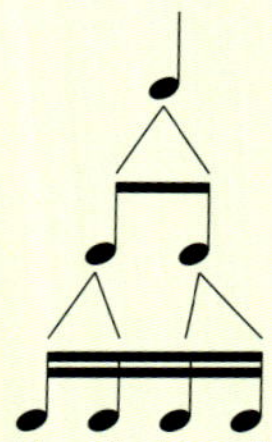


**1** ¿Cómo son estos sonidos? ¿Qué matices pondrías en sus partituras?

**2** Utiliza las sílabas rítmicas para leer este ritmo.

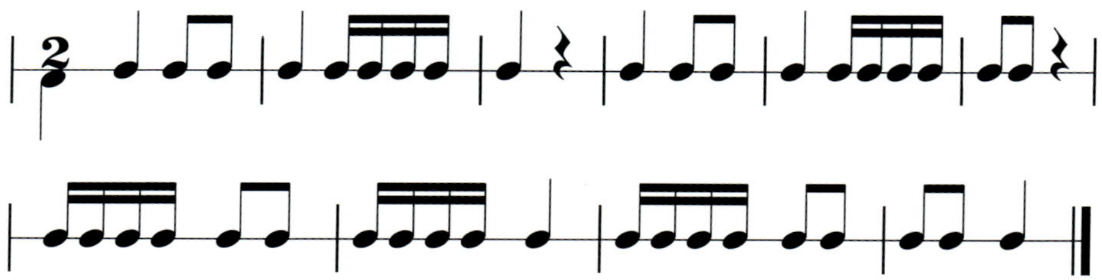

**3** Expresa los matices dinámicos al leer este fragmento. Al repetirlo, debes saltar la casilla de 1.ª vez y pasar a la 2.ª.

# Canción. *El camino desandado*

Escucha y aprende esta canción.

PISTA 5

El gitanillo Curro,
con su carro y con su burro,
y la gitana Juana,
con su alegre caravana,
vivían muy felices
y comían codornices,
pero fueron al norte
en busca de sus raíces.

(Estribillo)

En la capital francesa,
Juana y Curro encontraron
música que te expresa
el sabor de su pasado.
La llaman el *jazz manouche*
o también el *jazz* gitano,
mezcla de dos estilos,
sus abuelos la inventaron.

Hicieron su equipaje
y dejaron atrás Francia.
Continuaron viaje
hasta Hungría y Bulgaria.
También a otros lugares,
Rumania o Eslovaquia,
y presenciaron bailes,
danzas típicas gitanas.

(Estribillo)

Música muy variada
siempre llena de energía,
música muy diversa
siempre alegre y divertida.
Cíngara se le llama.
Romaní también le dicen.
Curro y Juana la bailan
y se sienten muy felices.

## Ten en cuenta

El falsete es una forma de emitir tu voz más aguda de lo normal.

Alternar rápidamente la voz normal con el falsete se conoce como canto tirolés o *yodel*.

¿Te atreves a practicarlo con esta canción?

**4** Canta el estribillo marcando el pulso.

sm**Savia**digital.com
PRACTICA Juega y aprende con el **karaoke**.

# Flauta. *Polca*

## Ten en cuenta

La polca es una danza tradicional de Europa Central. Se baila en parejas y es bastante rápida.

Para aprender esta polca, empieza tocando lentamente. Al mismo tiempo, lleva el pulso.

Aprende las nuevas notas y repasa las anteriores. Después, podrás interpretar esta melodía.

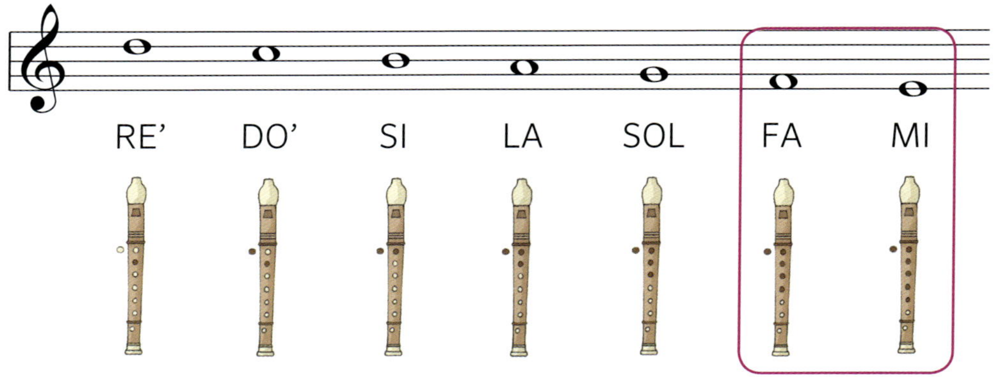


PISTA 7

smSaviadigital.com
**PRACTICA** Aprende a tocar esta canción con el **karaograma**.

## Interpretación musical. ***Sicilian circle*** (Reino Unido)



**5** Aprende estos pasos por separado.

**1.** **“Galope”**

**2.** **“Molinos”**

**3.** **“Espalda contra espalda”**

**4.** **“Arcos”**

Sigue la grabación para bailar esta pieza en la que todos nos mezclamos. Después, con la ayuda de tu profesor, aprenderás un truco sorprendente.

# Actividades

1. ¿Cuál de estas dos definiciones se refiere a las músicas tradicionales? Escríbela en tu cuaderno.
   a) Son las músicas y danzas propias de cada país, pueblo o cultura.
   b) Son las obras escritas por compositores famosos.

2. ¿Con qué pueblo se asocian el *jazz manouche* y la música cíngara? Escribe la respuesta correcta en tu cuaderno.
   a) Celta
   b) Tirolés
   c) Gitano

3. Relaciona cada imagen con los datos correctos en tu cuaderno.

**a.**

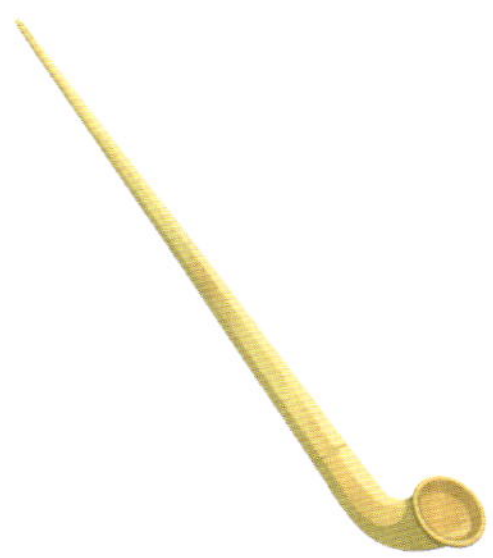

**b.**

- Europa Central.
- Se sopla.
- Instrumento de cuerda.
- Trompa alpina.
- Europa del Norte.
- Instrumento de viento.
- Se pulsa.
- *Kantele.*

4. ¿A qué música europea corresponde cada dibujo? Escríbelo en tu cuaderno.

**a.**

**b.**

**c.**

**d.**

5. Ordena de menor a mayor intensidad en tu cuaderno. Después, escribe el significado de cada abreviatura.

   ***mf*** ***p*** ***f***

6. Escribe dos compases de tres pulsos en tu cuaderno. Complétalos con negras, corcheas y semicorcheas.

smSaviadigital.com

**VALORA LO APRENDIDO** Comprueba lo que has aprendido en la **autoevaluación**.

## Construimos un *chime* y experimentamos con él

Los *chimes* son objetos sonoros que tienen colgantes de diferentes materiales. Suenan cuando se tocan o se mueven con el viento. ¿Construimos uno?

**MATERIAL**

- Caja de quesitos
- Llaves metálicas
- Hilo o lana y cuerda
- Punzón y tijeras
- Papel decorativo
- Barra de pegamento
- Cinta adhesiva
- Botones

**PASO 1** Haz un agujero en el centro de la base de una caja de quesitos. Introduce una cuerda y sujétala con un botón.

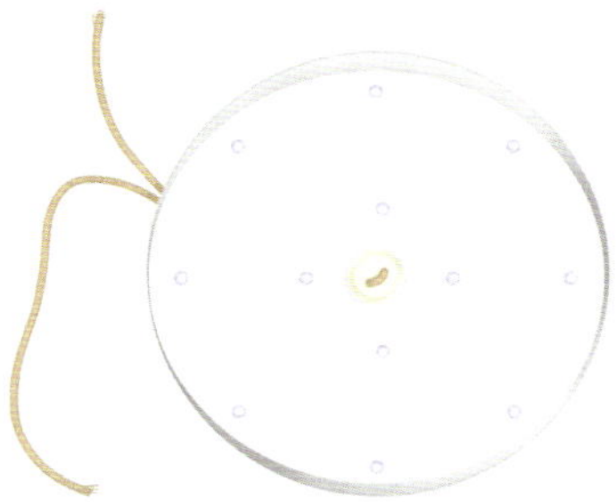

**PASO 2** Haz un agujero para cada colgante que quieras poner.

**PASO 3** Introduce por los agujeros trozos de hilo o lana de distintos tamaños. Sujétalos con botones.

**PASO 4** Anuda las llaves al otro extremo de los hilos. Ya puedes hacer sonar tu *chime*. Procura que no se enreden los hilos.

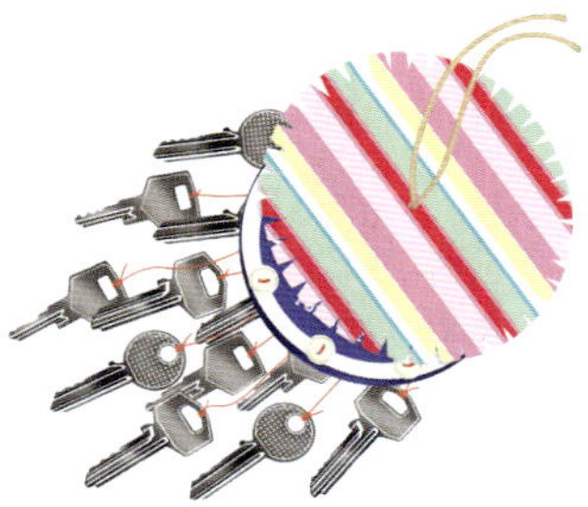

**PASO 5** Haz un agujero en el centro de la tapa. Pega sobre ella un papel decorativo. Pasa la cuerda y pon cinta adhesiva en el borde.

**PASO 6** Junto a tus compañeros, acompaña una pequeña historia con los sonidos de tu *chime*.

### ¿Sabías que...?

Los *chimes* pueden construirse con materiales muy diferentes, como madera, cañas, cristal, piedras, plástico, conchas o barras metálicas.

# Función de Navidad

## *Navidad interplanetaria*

La familia Peláez alquila una mansión en el campo para pasar la Navidad. Nada más llegar, en la casa empiezan a pasar cosas raras, desde la desaparición del abeto hasta la presencia de extraterrestres multicolores. Pero todos estos acontecimientos tendrán una explicación lógica que, además de sorprender y divertir a los Peláez, les ayudará a encontrar el verdadero sentido de la Navidad.

### Los personajes

Numera estos personajes en tu cuaderno según su orden de aparición en la grabación.

Escucha la canción. Después, cántala con tus compañeros.

*Sé feliz*

Mi mensaje contarás:
“La Navidad no es completa
sin pensar en los demás,
ni aquí ni en ningún planeta”.

Porque al echarle una mano
a aquel que más lo necesita
es feliz hasta un marciano
y esta fiesta es más bonita.

# 3 Raíces musicales africanas

## Escuchamos y hablamos

Las aldeas africanas tienen músicas para divertirse, trabajar, dormir al bebé e, incluso, ¡curar a un enfermo! En algunas de ellas, todo el pueblo puede cantar, tocar o bailar. Otras son solo para niños, niñas, hombres o mujeres. Estas músicas llegaron hasta América. Son el origen de las músicas afroamericanas.

- Escucha los ejemplos. ¿A qué parte de la imagen corresponden?
- Observa la imagen. ¿Qué ocurre en cada lugar de la aldea? ¿Sería igual hacer estos trabajos sin música?

# Música y cultura. **De África a América**

Hace más de 500 años, miles de africanos fueron llevados a América como esclavos. Por eso, muchas músicas americanas actuales tienen melodías, ritmos, danzas e instrumentos africanos.

### África en Brasil

La ***capoeira*** es una danza-lucha. Se acompaña con un instrumento de cuerda de origen africano llamado ***berimbau***. Otra danza brasileña es la samba.

### África en Estados Unidos

Los cantos de los antiguos esclavos africanos son el origen del **góspel** y del ***jazz***. El góspel es un canto religioso.

### África en el mar Caribe

En los países caribeños hay muchos ritmos con raíces africanas. Uno de ellos es el **son cubano**.

## Xilófonos africanos en América

En varios países centroamericanos se toca un xilófono muy grande llamado **marimba**. Su origen está en África. Allí se conoce con otros nombres, como *bala* o ***balafón***.

Escucha atentamente estas músicas para poder identificarlas.

# Música y cultura. **Mil lenguas, mil músicas**

En **África** hay muchos pueblos diferentes. Cada uno de ellos habla una lengua. Además, todos tienen sus propias músicas, distintas de las demás. Por eso, este continente posee una enorme riqueza musical.

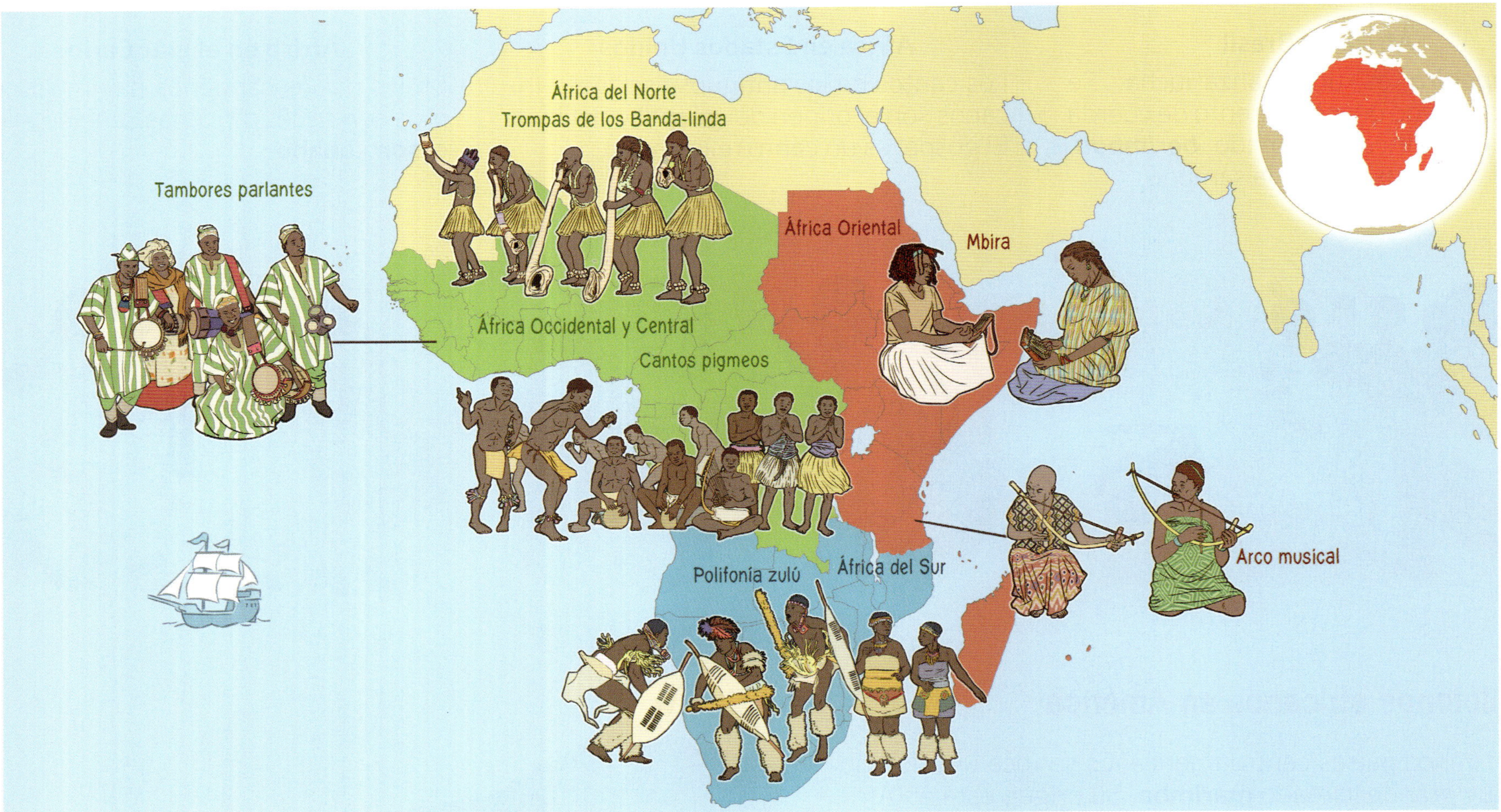


Escucha e intenta adivinar a qué imagen corresponde cada una de las músicas.

smSaviadigital.com
PONTE A PUNTO Descubre cómo suenan algunas músicas del África negra.

# Audición. ***Samba Lêlê*** (samba de roda, Brasil)



Este tipo de ritmo se llama samba. ¡Intenta seguirlo!

## ¿Sabías que...?

La *samba de roda* es un baile en corro. Los africanos lo llevaron hasta Bahía (Brasil).

A partir de esta danza surgieron los demás tipos de samba.

smSaviadigital.com
PRACTICA Aprende a sentir la música con el **musicograma**.

# Lenguaje musical. **El *tempo*. Corchea y dos semicorcheas**

- El ***tempo*** es la velocidad con la que se interpreta una música. Se indica con palabras italianas.

  ***Grave:*** muy lento
  ***Largo:*** lento
  ***Adagio:*** despacio
  ***Andante:*** tranquilo
  ***Allegro*****:** rápido, alegre
  ***Vivace*****:** muy rápido

- Una corchea junto a dos semicorcheas se leen como una negra y dos corcheas en un mismo pulso. Es decir, estos ritmos son iguales pero su duración depende del compás.

- Observa cómo se forma la figura de corchea y dos semicorcheas a partir de cuatro semicorcheas:

**1** Canta esta conocida melodía variando el *tempo* desde muy lento a muy rápido. Ten en cuenta que **Da capo (D.C.)** indica que debes repetir desde el principio.

CANCÁN

**2** Lee estos ritmos con la voz y con palmadas. Primero lleva el pulso como se indica en la línea 1. Luego hazlo como señala la línea 2.

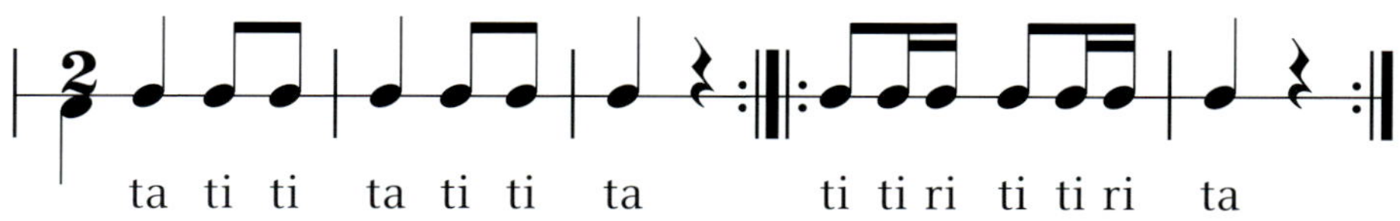


1.
2.

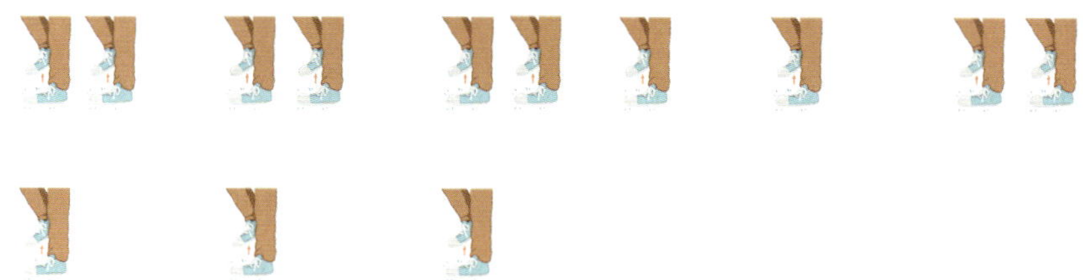

# Canción. ***Dikole*** **(Camerún)**



Esta canción se canta en la lengua *dii* de Camerún, un país de África. Escucha cómo se pronuncia antes de cantarla.

PISTA 9

**Traducción:**
"Déjame parte de la comida".

*Dikole, kole, danawa.*
*Dikole, kole, dikole.*
*Dikole, kole, danawa.*
*Dikole, kole, dikole.*

## Ten en cuenta

En algunos lugares del mundo se canta con la voz muy nasal, es decir, como suena cuando te tapas la nariz.

¿Puedes cantar así? Elige una canción y cántala tapando tu nariz. Después, inténtalo sin cubrirla.

**3** Aprende con qué notas puedes inventar melodías o acompañamientos para esta canción.

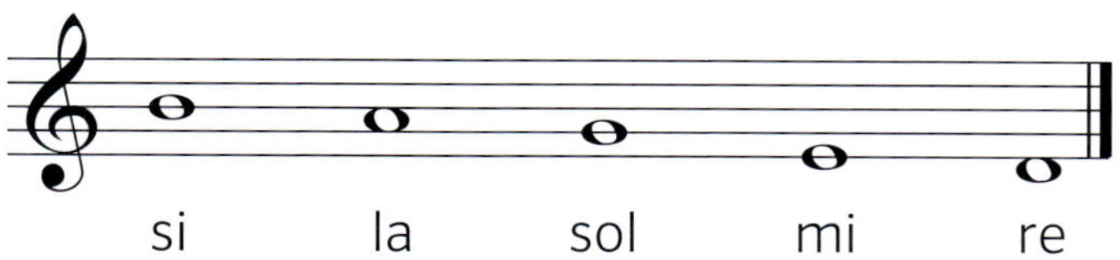


Melodías

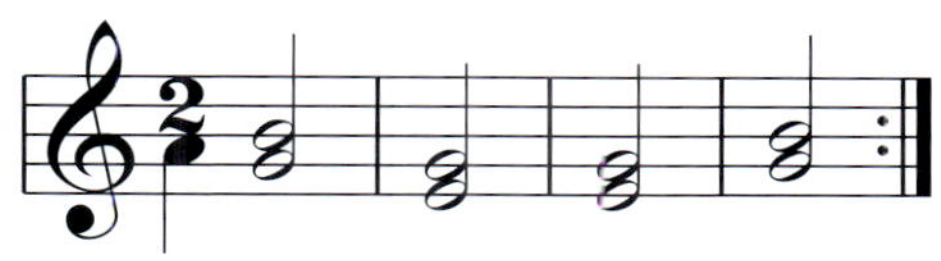

Acompañamientos

smSaviadigital.com
PRACTICA Juega y aprende con el **karaoke**.

# Flauta. *Calipso*



## Ten en cuenta

El **ligado** es una línea curva que une dos notas distintas.

Al soplar, pronuncia la sílaba "te" en la primera nota. Sin dejar de soplar, cambia de nota con los dedos.

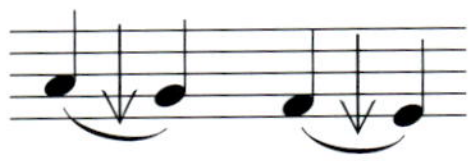

Practica la nueva nota re y repasa las anteriores. Después, interpreta esta melodía.

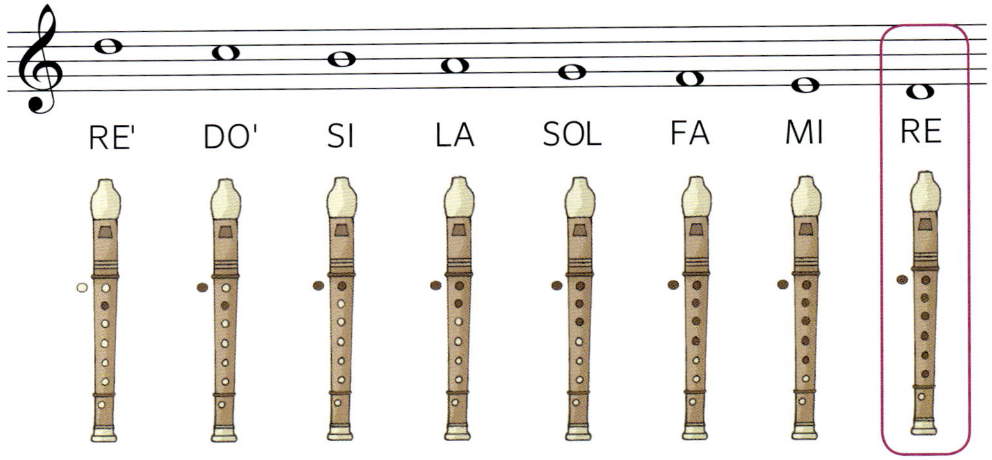

smSaviadigital.com
PRACTICA Aprende a tocar esta canción con el **karaograma**.

# Interpretación musical. ***La avispa alfarera y el sapo*** **(Burkina Faso)**



Escucha este cuento africano. Después, practica los sonidos. Haz cada uno en el momento adecuado para acompañar la narración.

El vuelo de la avispa

El arrullo del arroyo

El caminar del sapo

La serpiente pitón

Ponerse elegante

El puercoespín

# Actividades

**1** Una de estas frases es incorrecta. Corrígela en tu cuaderno.

a) En las aldeas africanas hay músicas diferentes para muchas actividades.

b) Las "músicas euroamericanas" llegaron a América desde África.

c) Algunas músicas de África son solo para niños, niñas, hombres o mujeres.

**2** ¿Por qué muchas músicas americanas tienen hoy día melodías, ritmos, danzas e instrumentos africanos? Responde en tu cuaderno.

**3** ¿Cómo se llaman estos dos instrumentos? ¿Dónde tienen su origen? Indica a qué familia pertenece cada uno.

a.

b.

**4** ¿Qué tipo de música aparece en cada imagen? ¿De qué parte de América es cada una?

a.

b.

c.

**5** Completa en tu cuaderno esta tabla sobre el *tempo*.

| | |
|---|---|
| *GRAVE* | |
| | LENTO |
| *ADAGIO* | |
| | TRANQUILO |
| *ALLEGRO* | |
| | MUY RÁPIDO |

smSaviadigital.com

VALORA LO APRENDIDO Comprueba lo que has aprendido en la **autoevaluación**.

# Construimos un *reco-reco*



El *reco-reco* es un instrumento de percusión frotado. ¡Vamos a construir uno!

## Construimos nuestro *reco-reco*

PASO 1 Recorta los tubos para que midan 30 cm.

PASO 2 Corta el tubo corrugado a lo largo.

PASO 3 Colócalo sobre el tubo de cartón. Después, sujétalo con tres gomas elásticas, en el centro y en los extremos.

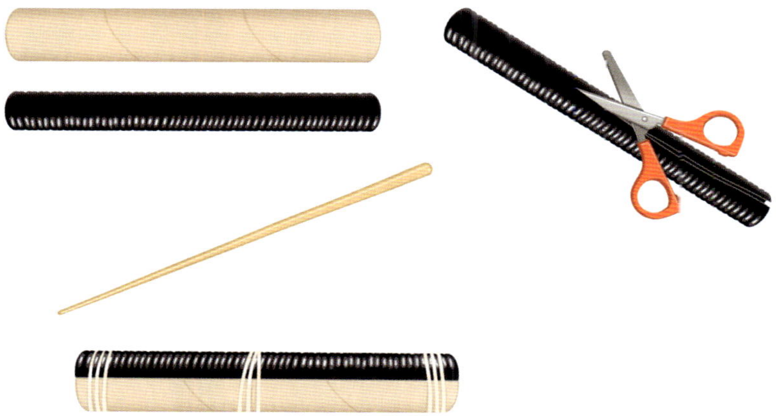

**MATERIAL**

- Tubo de cartón de papel de cocina
- Tubo corrugado
- Palillos chinos
- Tijeras
- Gomas elásticas

## Experimentamos con el sonido

PASO 4 Desliza el palillo chino a lo largo del tubo corrugado. Hazlo también desde el centro hasta la punta.

PASO 5 Forma un grupo de *reco-recos*. Cada uno debe inventar un ritmo. Luego los demás lo imitarán.

PASO 6 Junto con tus compañeros, acompaña rítmicamente una de las músicas de esta unidad.

**¿Sabías que...?**

El *reco-reco* tiene un origen africano. Se usa mucho en la salsa y otras músicas latinas. Es un instrumento parecido al güiro.

# Mezclando raíces: *Kwaheri-Rondón*

## Antes de empezar

- En esta danza hemos "mezclado" dos culturas muy diferentes: el ***kwaheri*** es una música tradicional de Kenia (África). El **rondón** es una danza tradicional de Madrid.

  Nuestra danza consiste en bailar los pasos del rondón de Madrid con música de Kenia.

- **Nos vestimos.**
  Podemos vestirnos por parejas. Una opción es mezclar trajes africanos con los tradicionales de Madrid.

**Escucha** la danza antes de bailar.

### Paso principal

1. Gira tu cuerpo a la izquierda. Hazlo cruzando el pie derecho por delante del izquierdo. Al terminar, apoya la punta.
2. Vuelve a la posición inicial y da tres pequeños pasos en el sitio. Comienza por la derecha.

3 y 4. Los mismos movimientos que en 1 y 2, pero ahora hacia la derecha.

## Posición inicial

- Por parejas, colocados en dos círculos concéntricos

## Estructura de la danza

| Intro | A | B | A | B | Paseíllo |
|---|---|---|---|---|---|

## Los pasos del baile

**Paso 1**

**A**

Extendemos los brazos sin sobrepasar la cabeza. Luego bailamos con nuestra pareja el paso principal.

**Paso 2**

**B1** **B2**

Hacemos un giro completo con nuestra pareja, con los brazos cruzados por detrás de la espalda. Avanzamos cada tres pequeños pasos.

**Paso 3**

**Paseíllo**

Cada círculo camina en un sentido diferente. Cuando termine el paseíllo, paramos y formamos pareja con el compañero del otro círculo que tenemos en frente.

### Para terminar...

Ahora baila la danza con su música original. Finalmente, compara el resultado.

# 4 Músicas de Asia y Oceanía

## Escuchamos y hablamos

En Asia y Oceanía conviven pueblos muy antiguos. Sus músicas tradicionales son diferentes a las nuestras. En ellas, el papel del intérprete es muy importante.

- Escucha estos fragmentos musicales. ¿A qué instrumentos te recuerdan? ¿Qué música te resulta más interesante?
- Comenta la imagen con tus compañeros. ¿Sabes a qué familia pertenece cada instrumento?

# Música y cultura. **Músicas asiáticas**

En los países asiáticos hay instrumentos, sonidos y ritmos diferentes a los nuestros. La música india es la más antigua y ha influido en la de otros lugares.

### La música en la India

Los instrumentistas tocan la música de memoria. Improvisan con instrumentos como la ***tabla***, la ***tanpura*** o el ***sitar***.

### La música en Indochina

Hay muchos grupos de instrumentos de percusión afinados. Un ejemplo son los **círculos de tambores**.

### La música en China

Utilizan melodías con cinco notas. Hay muchos instrumentos de viento hechos con cañas de bambú. Uno es el ***sheng***.

## Bombay + Hollywood = Bollywood

En Bombay se hacen muchas películas musicales. Tienen danzas y músicas típicas de la India, pero con pasos de baile de la música pop occidental. Por esta razón, esta ciudad es el "Hollywood indio".

Escucha y aprende a reconocer cada una de estas músicas asiáticas.

# Música y cultura. **Culturas lejanas, músicas asombrosas**

Desde hace miles de años, los habitantes de Asia y de Oceanía han dado gran importancia a la música. Por eso, han creado instrumentos sorprendentes y músicas extraordinarias.

Escucha e intenta adivinar a qué tipo de música corresponde cada una de las grabaciones.

smSaviadigital.com
**PONTE A PUNTO** Descubre la riqueza musical de Asia y Oceanía.

# Audición. *Canción del cumpleaños de la reina* (Vietnam)

En esta música no es fácil encontrar el pulso. Intenta seguirla con la ayuda de este esquema.

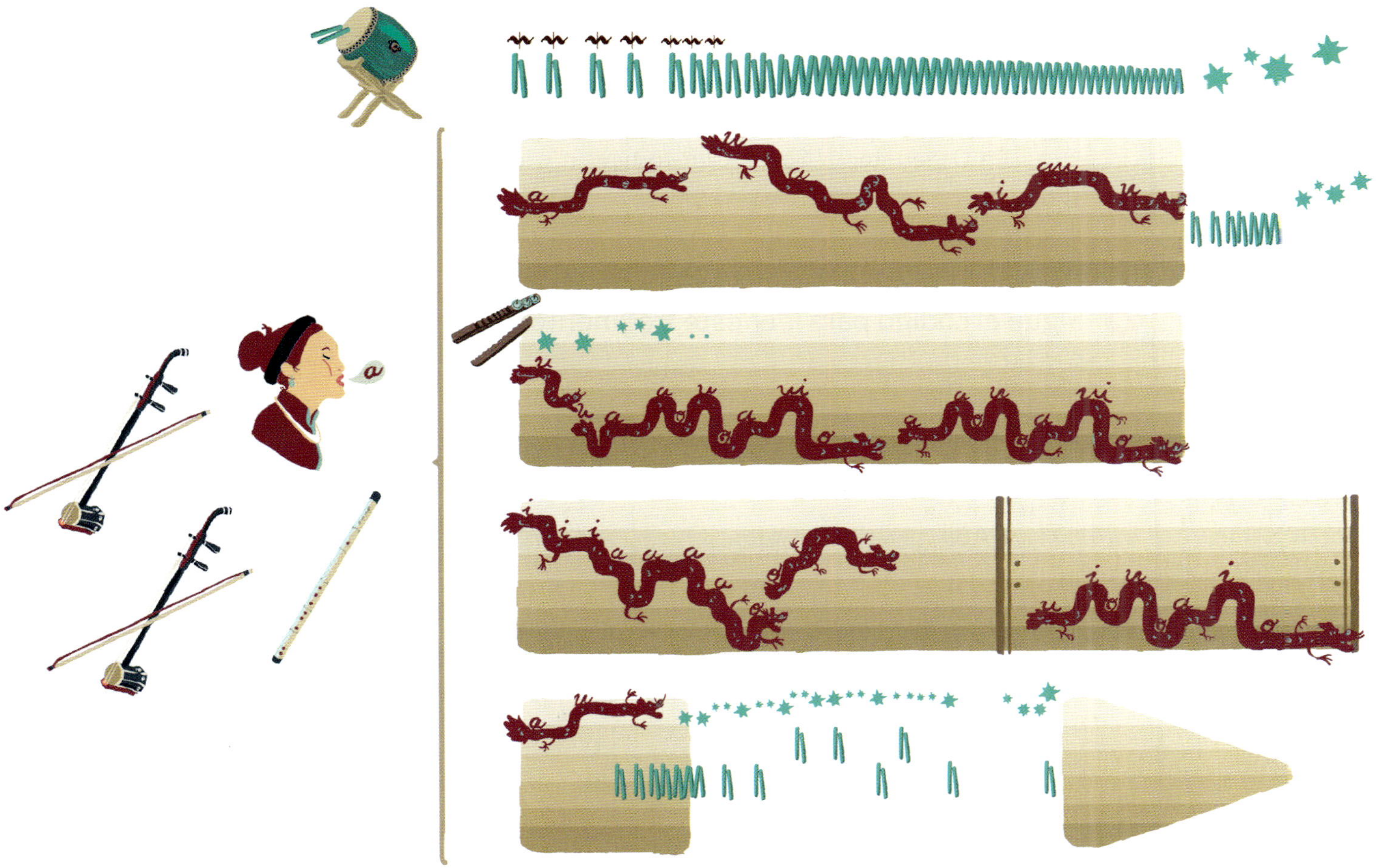

### ¿Sabías que...?

En Vietnam, existen muchas danzas de abanicos. Se llaman *mua quat*. Estas danzas también se bailan en otros países de Asia.

smSaviadigital.com
PRACTICA Aprende a sentir la música con el **musicograma**.

# Lenguaje musical. **El canon. Dos semicorcheas y corchea**



- El **canon** es una pieza en la que una voz o instrumento interpreta una música y, más tarde, otra voz o instrumento repite esa misma música. Pueden participar más de dos voces. La combinación de estas voces produce un efecto musical sorprendente.
- Dos semicorcheas junto a una corchea se leen como dos corcheas y una negra, pero en un mismo pulso. Es decir, estos ritmos son iguales pero su duración depende del compás.

- Observa cómo se forma la figura de dos semicorcheas y corchea a partir de cuatro semicorcheas:

**1** Forma dos grupos con tus compañeros para interpretar este ritmo en canon. Empieza el primer grupo. Al llegar al número 2, el segundo grupo deberá comenzar a cantar desde el principio.

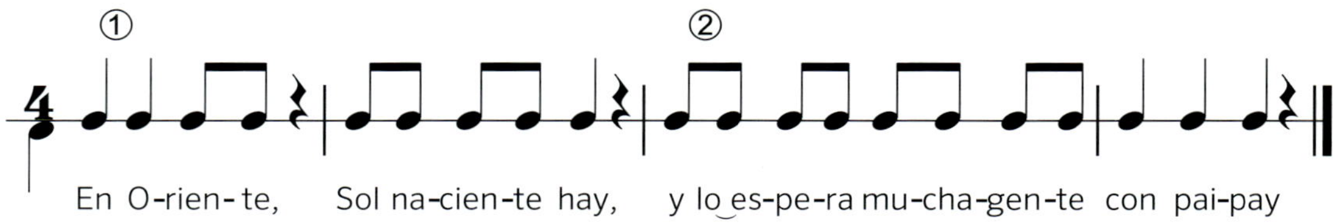


**2** Sigue el código para leer este fragmento en voz alta.

PAN QUE-SO YO-QUIE-RO ME-REN-DAR

# Canción. *Nipón gonikito tukoto*



El texto rosa parece japonés, pero no lo es. Intenta descubrir su significado.

PISTA 13

—¡Konnichiwa!
—¡Konnichiwa!

Sikita mikoto,
¿yoketoco?

Sinmikoto,
¿ke hagoyo?

Yogiro, yogiro
ytutai kotoko.

(Estribillo)

Sikito sukoto,
¿yaketoca?

Sinsukoto,
¿ke haraaki?

Segira, segira
ymitai kotoka.

(Estribillo)

—¡Sayonara!
—¡Sayonara!

**3** Practica este estribillo-trabalenguas con ayuda de la partitura. ¿Sabes qué dice la letra?

## Ten en cuenta

Hay instrumentos de cuerda asiáticos que repiten la misma nota rápidamente. La bandurria se toca de una forma parecida. ¿Te atreves a imitarlo con la voz?

smSaviadigital.com
**PRACTICA** Juega y aprende con el **karaoke**.

# Flauta. *Okina Kurino*



## Ten en cuenta

*Okina Kurino* es una canción infantil tradicional de Japón.

Su letra habla de unos niños que juegan felices bajo un gran castaño.

Practica el do grave. Después, toca esta canción japonesa. Está escrita dos veces de forma diferente, pero la melodía es la misma.

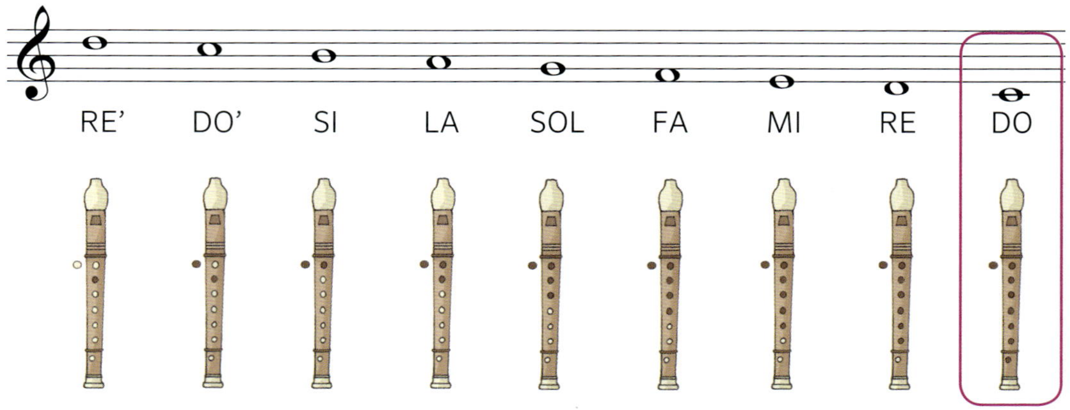


PISTA 15

smSaviadigital.com
**PRACTICA** Aprende a tocar esta canción con el **karaograma**.

# Interpretación musical. *Me oriento en Oriente* (chinesca)

**1** Practica esta melodía con la flauta. Podrás interpretarla en canon con ayuda de tu profesor o de la grabación.

**Xilófonos**

**Metalófonos**

Acompaña la melodía solo con xilófonos. Después, solo con metalófonos. Por último, con todos los instrumentos. ¿Cómo te gusta más?

**Xilófonos**

Soprano | Contralto | Bajo

**Metalófonos**

Soprano | Contralto | Bajo

# Actividades

**1** Escribe en tu cuaderno las frases correctas.

a) Las músicas tradicionales de Asia y Oceanía son muy parecidas a las nuestras.

b) El papel del intérprete es muy importante en las músicas tradicionales de Asia y Oceanía.

c) En Asia y Oceanía solo utilizan instrumentos musicales de la familia del viento.

d) Los músicos indios improvisan de memoria con sus instrumentos.

**2** En Asia hay una música muy antigua que ha influido en las demás. ¿De qué país es? Responde en tu cuaderno.

**3** ¿Con qué parte de Asia relacionas cada una de estas imágenes? ¿Cómo se llaman los instrumentos que aparecen? Responde en tu cuaderno.

**4** En Vietnam existen unas danzas llamadas *mua quat*. ¿Con qué objeto se bailan? Busca en la unidad y responde en tu cuaderno.

**5** En Asia hay un instrumento que se llama *sheng* en China y *sho* en Japón. ¿De qué material está hecho? ¿A qué familia pertenece? Responde en tu cuaderno.

**6** Une en tu cuaderno cada instrumento o grupo musical con el país al que pertenece.

| | |
|---|---|
| *sitar* | Indonesia |
| *koto* | Japón |
| *gamelán* | Australia |
| *didyeridú* | India |

**7** Pon letra a este ritmo en tu cuaderno. Cada sílaba debe coincidir con una figura.

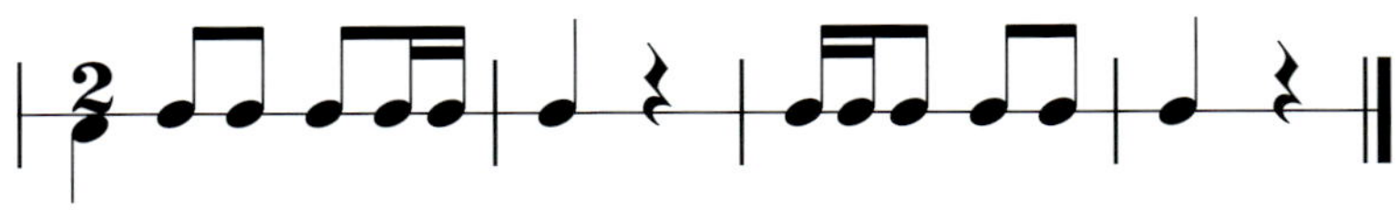


**8** ¿Qué es un canon? Explícalo con tus palabras en el cuaderno.

smSaviadigital.com

**VALORA LO APRENDIDO** Comprueba lo que has aprendido en la **autoevaluación**.

## Construimos nuestro tambor-sonajero y experimentamos con él

Vamos a hacer un tambor-sonajero. En Japón se llama *den-den daiku*. Parece fácil tocarlo. ¿Lo será?

**MATERIAL**

- Caja de quesitos
- 2 cuentas o botones grandes
- 2 hebras de lana
- 1 palillo chino
- Tijeras y papel adhesivo
- Papel para decorar

PASO 1 Haz dos pequeños cortes en el borde de la caja de quesitos. Mete una hebra de lana en cada uno.

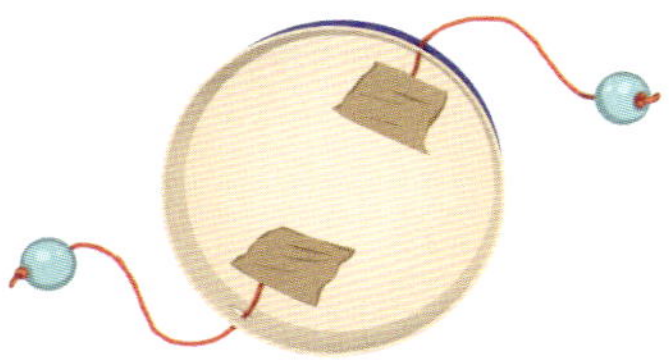

PASO 2 Fija las hebras con papel adhesivo. Después, coloca las cuentas en los extremos y anúdalas.

PASO 3 Haz dos agujeros pequeños para atravesar la caja con el palo. Fíjalo con papel adhesivo.

PASO 4 Pon la tapa y pégala con papel adhesivo. Puedes decorar tu tambor-sonajero si quieres.

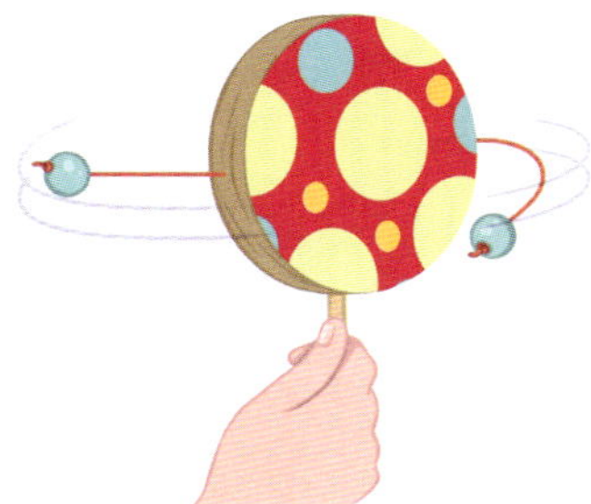

PASO 5 Prueba los sonidos que puede hacer tu *den-den daiku*. Para ello, tócalo de distintas maneras.

PASO 6 Forma un grupo con algunos compañeros. Después, trata de tocar con ellos al mismo tiempo.

### ¿Sabías que...?

El tambor-sonajero es muy conocido en Asia. Se usa en ceremonias religiosas. También es un juguete infantil.

# 5 Música norteamericana

## Escuchamos y hablamos

En Norteamérica hay dos tipos de música tradicional. Una es la de los indios, los primeros habitantes de América. La otra es una mezcla de músicas, ritmos e instrumentos europeos y africanos.

- Escucha estos fragmentos musicales y trata de identificar algún instrumento por su sonido. ¿Qué música te gusta más para bailar? ¿Y para escuchar?

- Comenta con tus compañeros lo que ves en la imagen. ¿Reconoces algún instrumento? ¿De qué familia es?

# Música y cultura. **Músicas e instrumentos norteamericanos**

5

En Norteamérica hay muchos tipos de música con influencias europeas y africanas. Se utilizan instrumentos europeos junto con otros muy originales y curiosos.

### Músicas

Las músicas afroamericanas, como el **góspel** o el ***jazz***, se unieron a las músicas tradicionales europeas. Así nacieron el ***country***, de influencia irlandesa, y el ***cajún***, de influencia francesa.

### Instrumentos

El **banyo** es un instrumento de cuerda pulsada. Es de origen africano y típico de la música ***country***. Su caja de resonancia tiene una membrana, como en los tambores.

En la música ***cajún*** se utilizan el **acordeón** y un curioso instrumento de percusión llamado ***washboard*** o tabla de lavar.

## Danzas y cánticos indios

Algunos pueblos indios de Canadá y Estados Unidos mantienen danzas dedicadas al Sol, a la lluvia, a la tierra, al aire y al fuego.

Escucha e intenta reconocer cada uno de estos instrumentos y músicas.

# Música y cultura. **África renace en Norteamérica**



Cuando los europeos conquistaron Norteamérica, muchas músicas indias desaparecieron. Pero surgieron otras nuevas con una gran influencia africana.

smSaviadigital.com
**PONTE A PUNTO** Descubre la influencia de África en las músicas norteamericanas.

**1** ¿A qué tipo de música corresponde cada grabación? Escucha e intenta adivinarlo.

# Audición. *¡Oh, Susana!*, de Stephen Foster (Estados Unidos)

Este vaquero busca a su querida Susana. Señala el pulso por todo el recorrido para ayudarlo a encontrarla.

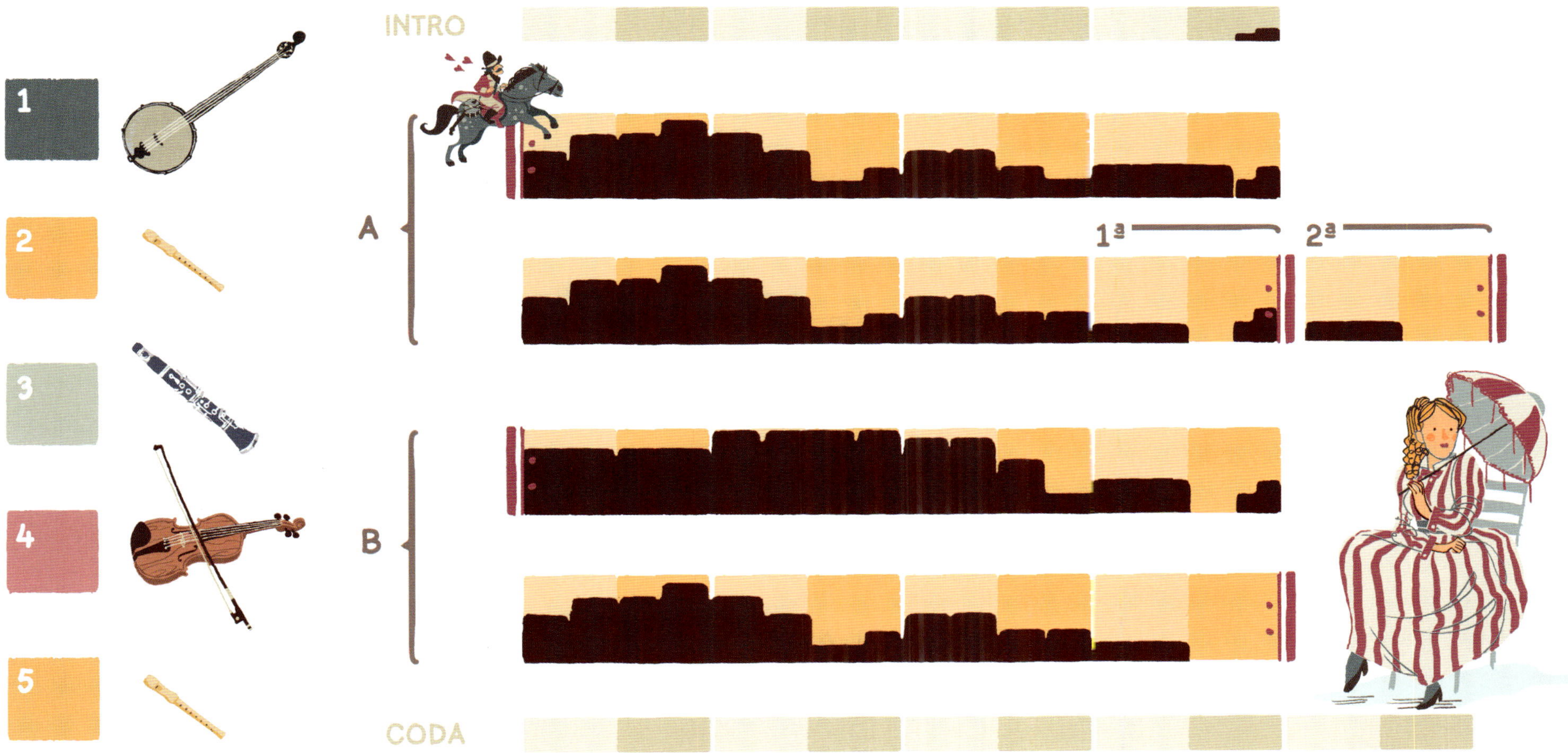


Escucha cuáles son los instrumentos protagonistas cada vez que suena A.

## ¿Sabías que...?

Stephen Foster compuso muchas canciones famosas, como *¡Oh, Susana!* La escribió en 1848. Se hizo muy popular entre los buscadores de oro del Oeste norteamericano.

sm**Savia**digital.com
PRACTICA Aprende a sentir la música con el **musicograma**.

# Lenguaje musical. **Cambios de velocidad. Negra con puntillo**



- En la música, a veces, hay cambios en la velocidad del pulso. Cuando se acelera lo llamamos ***accelerando*** (*accel.*). Por el contrario, si se hace cada vez más lento, lo llamamos ***ritardando*** (*rit.*).
- Una negra con puntillo ♩. dura lo mismo que una negra ligada a una corchea o que una corchea ligada a una negra.

**2** ¿Qué variación del pulso indican estos términos? Interpreta los dos fragmentos. Al hacerlo, debes tener en cuenta las variaciones de velocidad.

**3** Lee estas dos líneas de ritmo. ¿Cuántas diferencias encuentras entre ellas?

# Canción. ***Little Liza Jane*** (*Li'l Liza Jane*, Estados Unidos)



Aprende las estrofas de esta vieja canción. ¡Viajarás por Estados Unidos a través de ella!

PISTA 17

*I've got a friend in San Antone,*
*little Liza Jane.*
*Tumbleweeds and cactus grow,*
*little Liza Jane.*

(Estribillo)

*I've got a friend in Providence,*
*little Liza Jane.*
*Bluebird sitting on the fence,*
*little Liza Jane.*

(Estribillo)

*I've got a friend in Sioux Falls,*
*little Liza Jane.*
*Where sunflowers grow so tall,*
*little Liza Jane.*

(Estribillo)

*I've got a friend in Cape Cod,*
*little Liza Jane.*
*Bullfrogs singing in the pond,*
*little Liza Jane.*

(Estribillo)

**Ten en cuenta**

Para cantar a varias voces diferentes, no debes hacerlo más fuerte que tus compañeros. Así te resultará más fácil seguir tu voz.

4. Practica las ligaduras y los puntillos con el estribillo de esta canción. Aprende una de sus dos melodías y descubre el canto a varias voces con tus compañeros.

smSaviadigital.com
PRACTICA Juega y aprende con el **karaoke**.

# Flauta. *La granja de MacDonald*



## Ten en cuenta

Esta es una canción infantil de Estados Unidos. En la letra se imita el sonido de algunos animales de granja.

En su música hay ligados y ligaduras. Ambos se representan con líneas curvas. El ligado une notas distintas. La ligadura, en cambio, une notas iguales.

Repasa las notas y toca esta conocida melodía norteamericana. Después, intenta aprenderla de memoria. Presta atención a los ligados y las ligaduras.

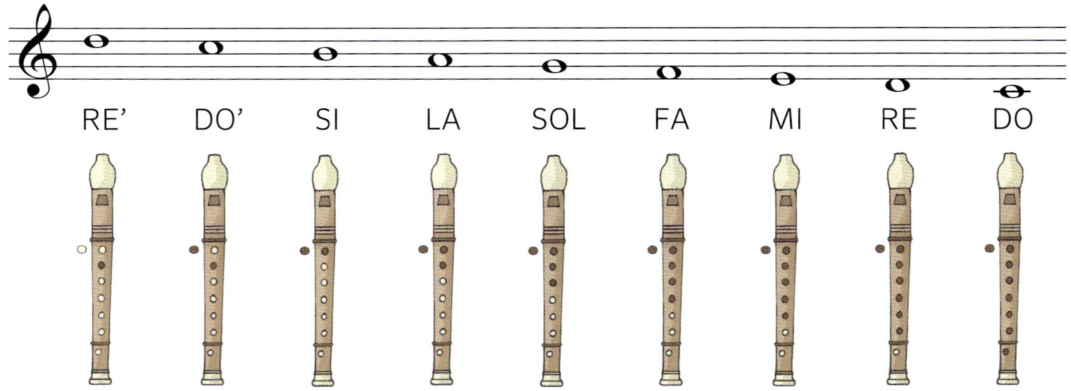


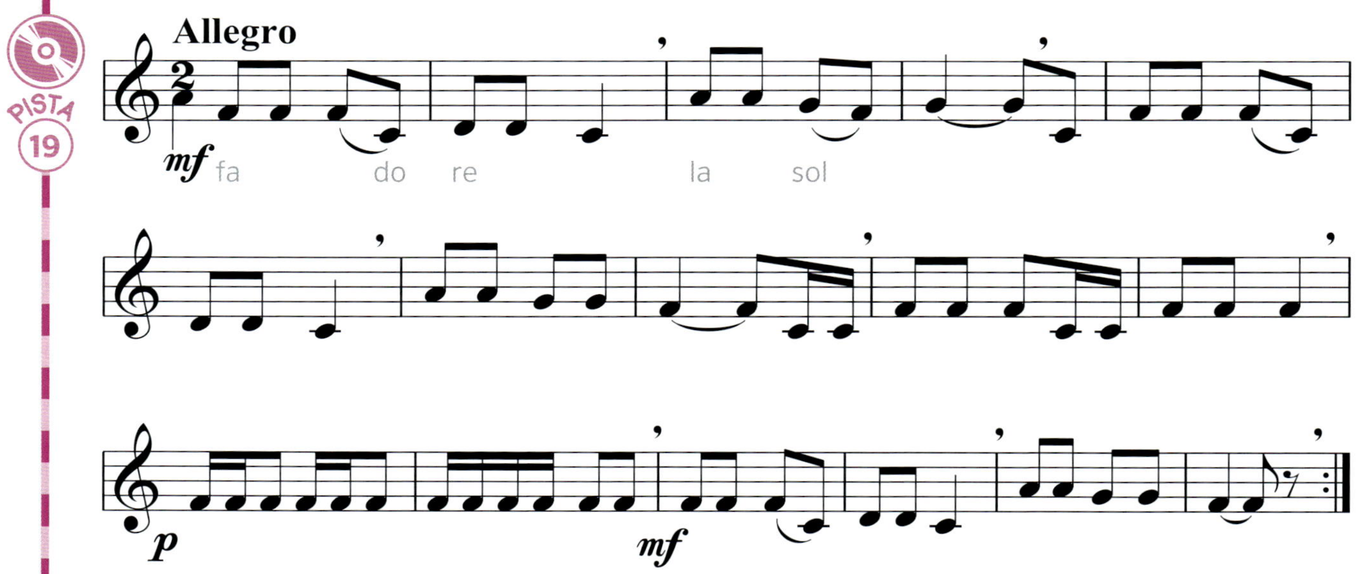


smSaviadigital.com
**PRACTICA** Aprende a tocar esta canción con el **karaograma**.

# Interpretación musical. *Danza de la lluvia* (Norteamérica)

5 Esta es una danza para pedir lluvia al cielo al estilo indio. Sigue las indicaciones de tu profesor para aprenderla.

6 En grupos, inventa con tus compañeros ritmos de percusión para acompañar esta danza india.

# Actividades

**1** Completa el texto en tu cuaderno.

En Norteamérica hay dos tipos de música ●●●. Una es la de los primeros habitantes de América, también llamados ●●● La otra es una mezcla de músicas, ritmos e instrumentos ●●● y ●●●.

**2** ¿Qué frase se refiere a la música ***country***? ¿Y cuál a la música ***cajún***? Responde en tu cuaderno.

- Unión de las músicas afroamericanas y la música tradicional de influencia francesa.
- Unión de las músicas afroamericanas y la música tradicional de influencia irlandesa.

**3** Asocia cada imagen con un tipo de música tradicional norteamericana. Escribe en tu cuaderno el nombre de dos instrumentos de cada dibujo.

**a.**

**b.**

**4** Observa la imagen y responde en tu cuaderno.

a) ¿Cómo se llama este instrumento?

b) ¿A qué familia pertenece?

c) ¿De qué música tradicional es típico?

d) ¿Cuál es su origen?

e) ¿De qué está hecha su caja de resonancia?

**5** ¿A qué elementos de la naturaleza se dedican algunas danzas indias? Responde en tu cuaderno.

**6** ¿Qué palabra indica que el pulso musical se acelera? ¿Y cuál señala que se hace cada vez más lento? Escríbelas en el cuaderno.

**7** En tu cuaderno, completa cada ejercicio con las figuras o silencios necesarios.

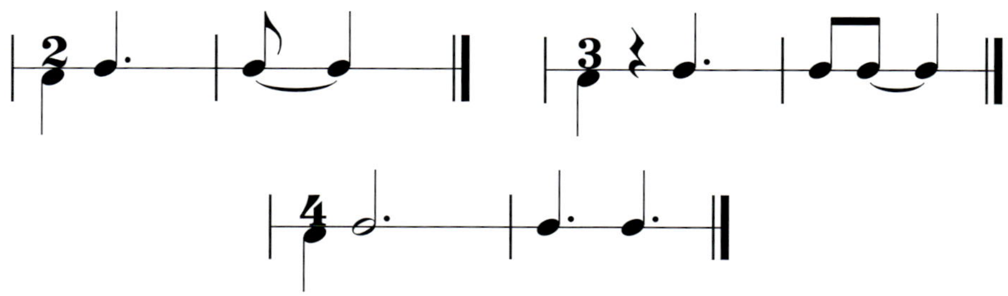

smSaviadigital.com

**VALORA LO APRENDIDO** Comprueba lo que has aprendido en la **autoevaluación**.

## Formamos grupos, consultamos en internet y hacemos un mural

Aprende en grupo un poco más sobre la música *country*.

**PASO 1** Elige, con tu grupo, un músico, una canción y un instrumento. Prepara una cartulina para hacer un mural con la información que encontrarás.

**PASO 2** Escribe en el mural la historia resumida del músico.

**PASO 3** Busca la letra de la canción y escribe su significado en el mural.

**PASO 4** Dibuja el instrumento en el mural. Después, escribe a qué familia pertenece.

**PASO 5** Selecciona un vídeo en internet sobre el músico, la canción o el instrumento de tu mural.

**PASO 6** Muestra a tus compañeros tu mural. A continuación, enséñales el vídeo que has elegido.

**MATERIAL**

— Ordenadores e internet
— Cartulinas
— Lápices y rotuladores

**Músicos** 

· Kitty Wells
· Pete Seeger
· Willie Nelson
· Emmylou Harris
· Shania Twain

**Canciones** 

· *Old MacDonald Had a Farm*
· *San Antonio Rose*
· *Oh, Susanna!*
· *Will the Circle Be Unbroken*
· *Oh Mary, Don't You Weep*

**Instrumentos**

- Banyo

- Armónica

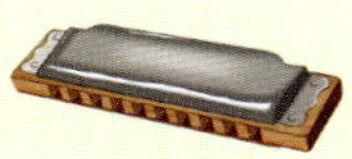

- *Washboard*

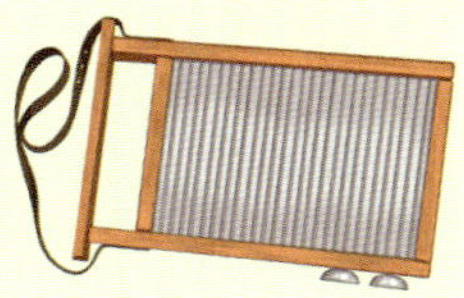

- *Dobro*

- *Steel-guitar*

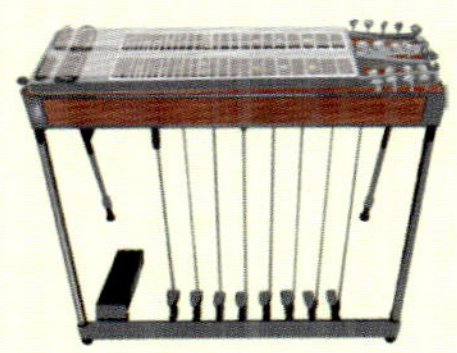

**¿Sabías que...?**

El violín utilizado en la música *country* se llama *fiddle*.

# Danza 3 *Good Old Days* (Estados Unidos)

## Antes de empezar

- *Good Old days* ("Aquellos maravillosos años") es una danza que se bailaba en las fiestas de los años veinte y treinta en Estados Unidos.
- **Nos vestimos.**

Podemos utilizar trajes típicos de los años veinte en Estados Unidos.

- **Antes de bailar** fíjate bien en los pasos y lee las instrucciones.
- **Escucha** la danza que vas a bailar.

### Ten en cuenta

- La posición y el balanceo de los brazos es muy importante. Fíjate bien en la colocación inicial.
- Presta atención al inicio de la música para comenzar a tiempo.
- No debes soltar la mano de tu compañero hasta el final de la danza.

## Posición inicial

## Estructura de la danza

Intro | A | A | B | C

## Los pasos del baile

**A1**

Sin moverte, eleva cada pierna hacia delante cuatro veces. Comienza con la derecha.

**A2**

Camina cuatro pasos hacia delante. Al mismo tiempo, balancea los brazos.

**B**

En el sitio y de la mano del compañero, pisa con el pie derecho delante. Después, vuelve al sitio y pisa con el izquierdo atrás. No olvides balancear los brazos.

**C**

Con los brazos levantados, gira en el sitio. Mueve las caderas y las manos para hacerlo.

# 6 Música iberoamericana

## Escuchamos y hablamos

España y Portugal conquistaron gran parte de América. Después, llevaron allí sus lenguas y tradiciones. Por eso, esos territorios se llaman hoy Iberoamérica. En esta zona hay tres tipos de música tradicional: la india, la de influencia ibérica y la afroamericana.

- De estos fragmentos musicales, indica cuáles corresponden a la imagen y cuáles no. ¿Identificas alguno de ellos? ¿Y los instrumentos que suenan?
- ¿Qué instrumentos de la imagen conoces? ¿Sabes a qué familia pertenecen?

# Música y cultura. **La huella musical ibérica**



Las músicas tradicionales iberoamericanas comparten muchos ritmos, danzas e instrumentos con España y Portugal. Además, tienen influencias indias y africanas.

### Música y poesía popular

Las **décimas** son poemas improvisados. Se cantan en España, en Portugal y en muchos países iberoamericanos.

### Danzas tradicionales

El **joropo** de Colombia y Venezuela es un baile con influencias afroamericanas e indias. Su origen es español.

### Instrumentos folclóricos

Destacan las flautas indias, como el **sicu**, y la percusión afroamericana. También hay muchas variedades de guitarra, como el **charango**.

## De Cádiz a Uruguay

En 1906, una compañía gaditana de teatro llevó la música del carnaval de Cádiz a Montevideo (Uruguay). A partir de ese momento aparecieron las **murgas** del carnaval uruguayo. Son grupos con voces, guitarras, bombo, plato y caja, como los de Cádiz.

Escucha y trata de identificar estas músicas y sus instrumentos.

# Música y cultura. **Sabrosa ensalada musical**



Las músicas de América Central y de América del Sur son una mezcla de las indias, de las europeas y, en algunas partes, de las africanas. Por este motivo, en estos lugares hay tanta riqueza musical.

¿A qué tipo de música corresponde cada grabación? Escucha e intenta adivinarlo.

smSaviadigital.com **PONTE A PUNTO** Descubre la riqueza musical de América Latina.

# Audición. *Chancho Tango*, de José Posada-Charrúa

Escucha este tango. Durante la audición, intenta seguir el paso del cerdito.

A' B | A B | A'' | CHIMPÓN

Escucha atentamente. ¿Distingues las diferencias entre A, A' y A"?

## ¿Sabías que...?

El bandoneón es el instrumento más típico del tango. Su aspecto es muy parecido al del acordeón, pero es más pequeño y cuadrado. Además, tiene botones en vez de teclas.

smSaviadigital.com
PRACTICA Aprende a sentir la música con el **musicograma**.

# Lenguaje musical. **Musijuego**



**1** Juega con tus compañeros para repasar lo que has aprendido. En las casillas debes nombrar, explicar o interpretar.

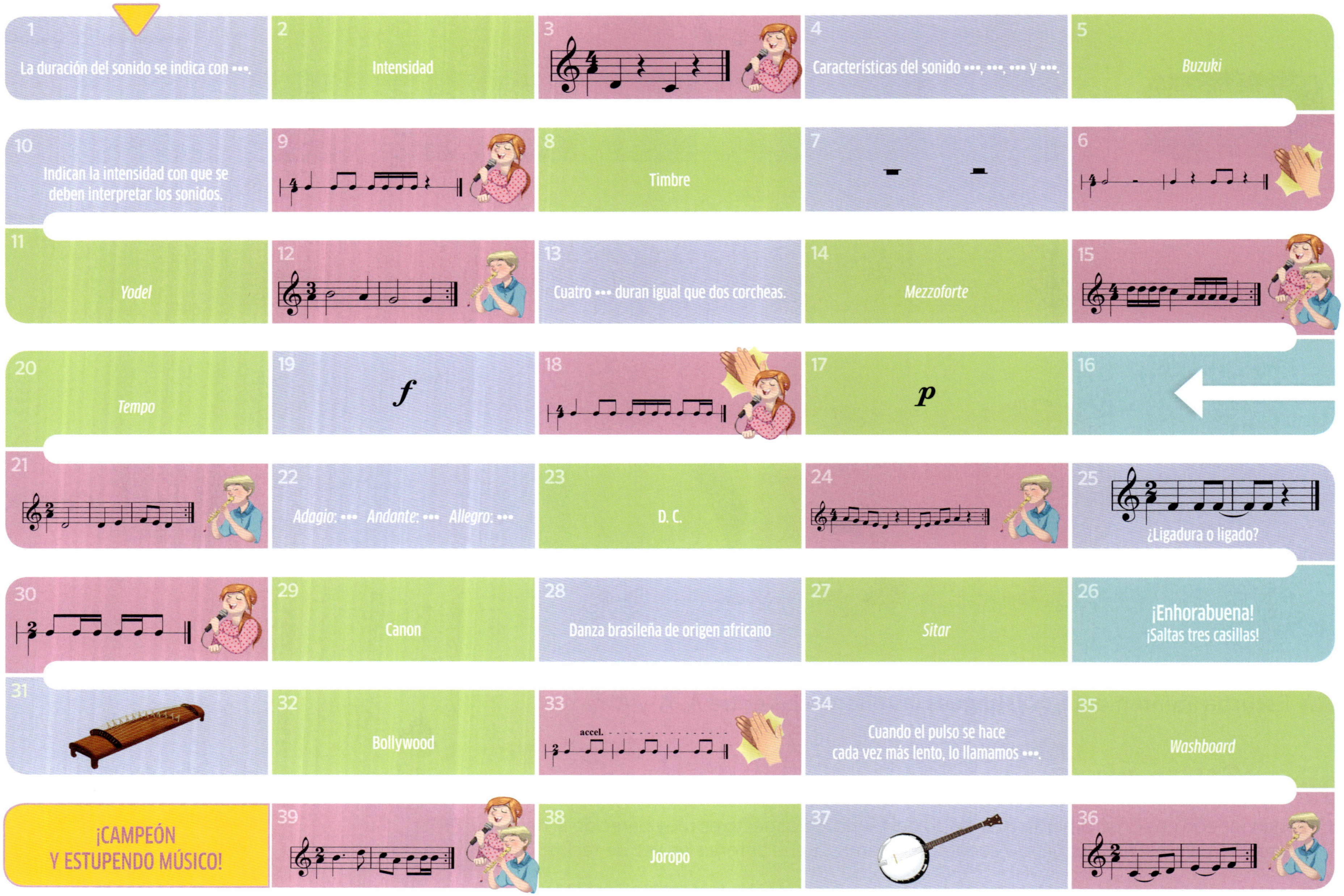

# Canción. *Las mañanitas* (México)



Aprende esta famosa canción mexicana. Algunas estrofas tienen una melodía diferente. En otras cambia el compás.

PISTA 21

Estas son las mañanitas
que cantaba el rey David.
A las muchachas bonitas,
se las cantamos así.

(Estribillo)

Qué linda está la mañana
en que vengo a saludarte.
Venimos todos con gusto
y placer a felicitarte.

El día en que tú naciste
nacieron todas las flores
y en la pila del bautismo
cantaron los ruiseñores.

Ya viene amaneciendo.
Ya la luna se ocultó.
Levántate de mañana,
mira que ya amaneció.

(Estribillo)

## Ten en cuenta

Para imitar los gritos agudos mexicanos, utiliza el "falsete". Así no forzarás tu voz. Alterna largos "¡Ah!" y "¡Ay!" con otros cortos y rápidos.

3 Aprende el estribillo de la canción.

smSaviadigital.com
PRACTICA Juega y aprende con el **karaoke**.

# Flauta. *Nuevo mundo*



## Ten en cuenta

Haz un *vibrato* al tocar las notas largas. Tu música sonará mejor.

Sopla con pequeños impulsos, desde más fuerte a más suave.

La afinación del comienzo debe ser igual a la del final.

Toca esta melodía muy despacio. Además, marca suavemente el pulso de negras con el pie.

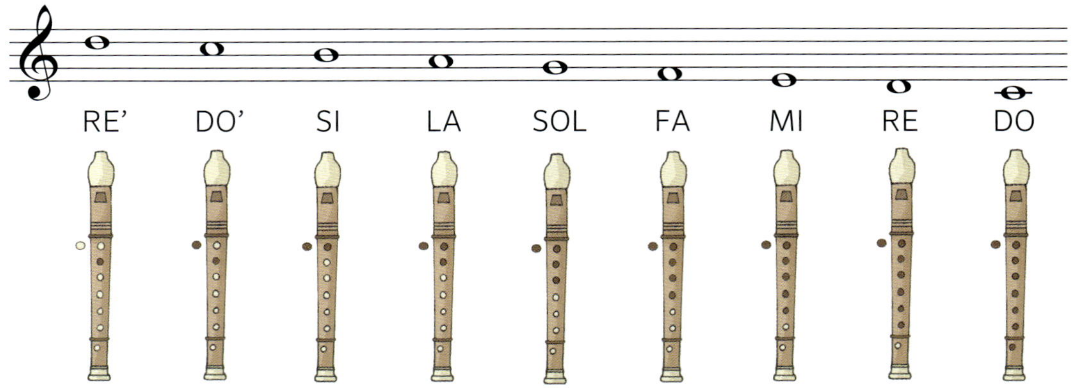


PISTA 23

smSaviadigital.com
PRACTICA Aprende a tocar esta canción con el **karaograma**.

# Interpretación musical. *Carnavalito andino*

1 Aprende estos patrones para tocar un carnavalito de los Andes. Después, acompaña la música con tus compañeros.

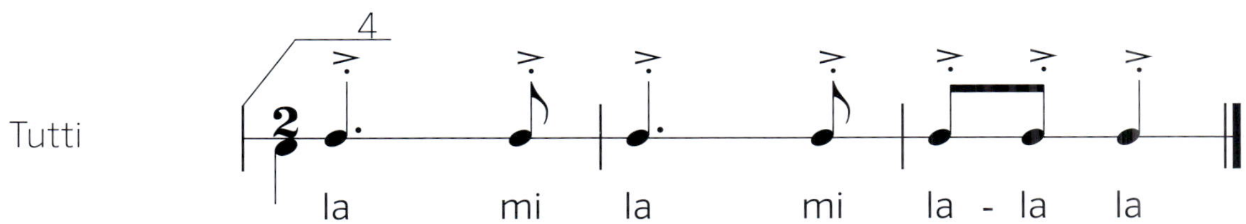


El carnavalito es una danza. Toca los ritmos para acompañar la audición.

# Actividades

**1** ¿Por qué Iberoamérica se llama así? Responde en tu cuaderno.

**2** ¿Qué tres tipos de música tradicional hay en Iberoamérica? Escribe la respuesta en tu cuaderno.

**3** Completa en tu cuaderno.

Las músicas tradicionales iberoamericanas comparten muchos r•••, d••• e i••• con E••• y P•••.

**4** En España, en Portugal y en muchos países iberoamericanos se cantan poemas improvisados. ¿Cómo se llaman? Responde en tu cuaderno.

**5** Observa la imagen. Después, responde en tu cuaderno.

a) ¿Qué baile es?

b) ¿Cuál es su origen?

c) ¿Dónde se baila?

d) ¿Qué influencias tiene?

**6** Escribe en tu cuaderno el nombre de cada instrumento y de su familia.

**7** ¿Qué es una murga? ¿Qué instrumentos utilizan sus músicos? Escribe con qué dos ciudades la relacionas.

**8** Observa la imagen. A continuación, responde en tu cuaderno.

a) ¿Cómo se llama este instrumento?

b) ¿De qué música es típico?

c) ¿A qué otro instrumento se parece?

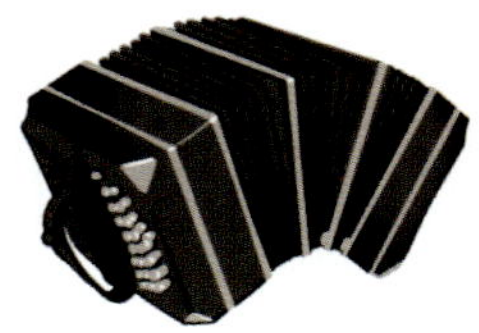

**9** Interpreta este ritmo con palmas y lleva el pulso con el pie. ¿A qué melodía de esta unidad pertenece?

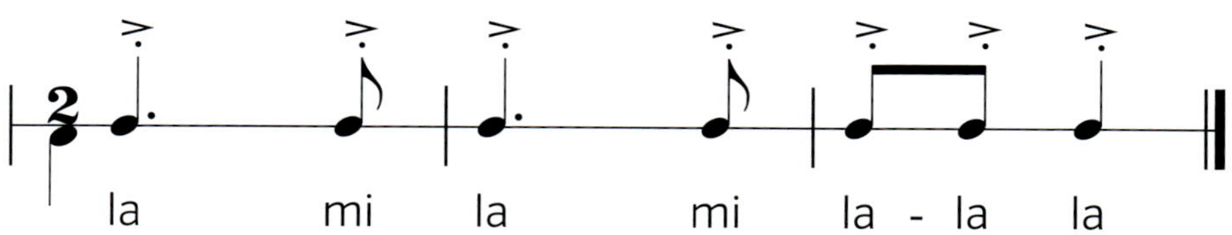


smSaviadigital.com

VALORA LO APRENDIDO Comprueba lo que has aprendido en la **autoevaluación**.

# Taller de música

## Construimos un sicu

### Formamos grupos para hacer un sicu y experimentamos con él

El sicu es una de las flautas más antiguas. Se toca en los países sudamericanos de la costa oeste.

**MATERIAL**

- 1,5 metros de manguera
- Cinta aislante o adhesiva
- Plastilina
- Tijeras y lijas
- Gomas elásticas
- 2 lápices nuevos
- Flauta dulce

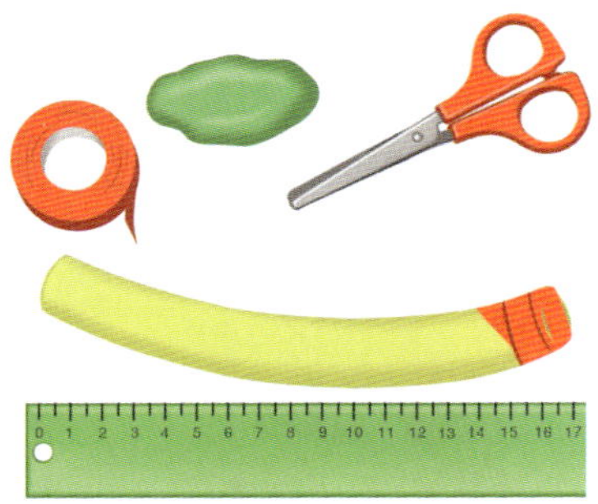

**PASO 1** Corta un trozo de manguera de 17 cm. Lija sus extremos y cierra uno de ellos con plastilina y cinta adhesiva.

**PASO 2** Sopla por el extremo abierto mientras dices "TU". Toca la nota do en tu flauta para comprobar que suena igual.

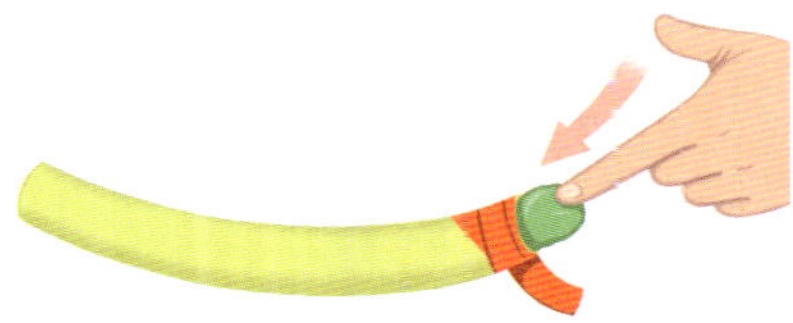

**PASO 3** Si el sonido del tubo es más grave, añade plastilina. Si es más agudo, guárdalo para otra nota. Corta otro trozo más largo y comienza de nuevo.

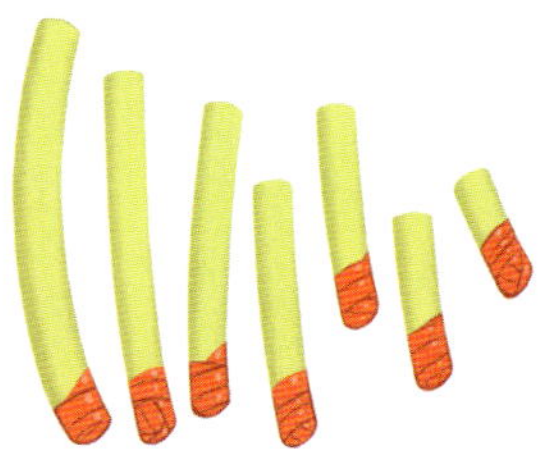

**PASO 4** Haz de la misma manera 7 tubos en total de distintas longitudes. Cada uno debe sonar como una nota de la escala.

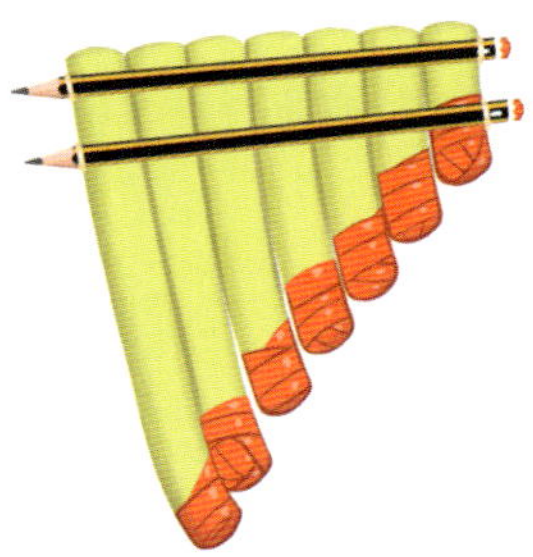

**PASO 5** Ordena los tubos por tamaño. Sujétalos con los lápices y las gomas como se ve en el dibujo.

**PASO 6** Toca con tus compañeros algunos sonidos. ¿Puedes inventar una melodía?

**¿Sabías que...?**

El sicu se utiliza en muchas culturas. Tiene otros nombres: zampoña, siringa o flauta de Pan.

# Función de fin de curso *Lío en Fantasía*

En Fantasía, donde viven los personajes de los cuentos, un suceso extraordinario tiene asustados a sus habitantes: se oyen ruidos horribles. Por suerte, las hadas de los cuentos pondrán fin a esta pesadilla. ¿O no?

## Los personajes

Numera estos personajes en tu cuaderno según su orden de aparición en la grabación.

Escucha la canción. Después, cántala con tus compañeros.

### *Un lío extraordinario*

Cuando alguien me cuenta un cuento,
vuelo en un mágico viento
que me lleva, ¡qué alegría!,
a un mundo de fantasía.

Príncipes, hadas, dragones
y piratas bravucones.
Reyes con coronas tiesas,
brujas, duendes y princesas.

¡Qué universo extraordinario!
Cuéntame un cuento a diario.
Verás con el corazón
crecer mi imaginación.

## Cordófonos

Los instrumentos cordófonos suenan cuando vibran sus cuerdas.

### Cuerda pulsada

Mandolina (Europa)

Baglama (Europa)

Kantele (Europa)

*Vina* (Asia)

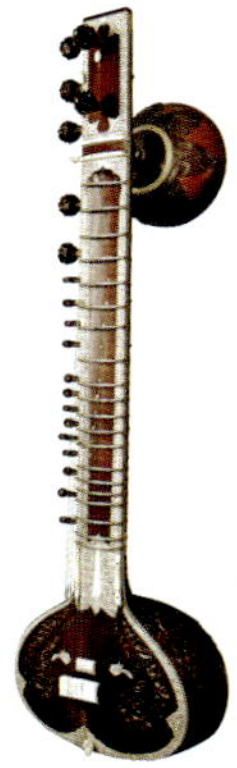

*Sitar* (Asia)

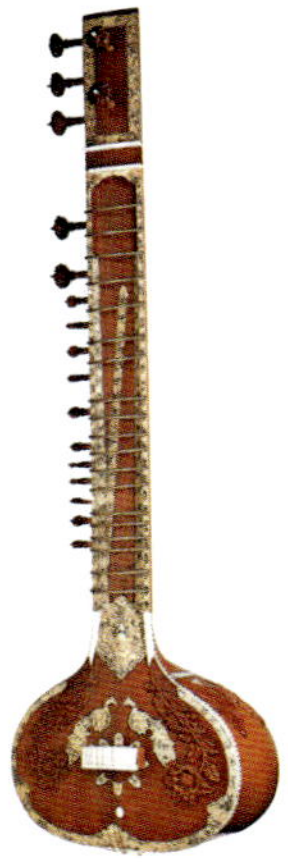

*Koto* (Asia)

Guitarrón (Iberoamérica)

Banyo (Norteamérica)

*Cuatro* (Iberoamérica)

Charango (Iberoamérica)

*Kora* (África)

### Cuerda percutida

Címbalo (Europa)

*Santur* (Asia)

*Berimbau* (Iberoamérica)

Arco musical (África)

## Aerófonos

Los instrumentos aerófonos suenan al vibrar el aire en una cavidad.

*Didyeridú*
(Oceanía)

*Sheng*
(Asia)

Armonio indio
(Asia)

Acordeón
(Europa)

Bandoneón
(Iberoamérica)

*Tin Whistle* (Europa y Norteamérica)

*Shakuhashi*
(Asia)

Quena
(Iberoamérica)

*Sicu*
(Iberoamérica)

Trompa alpina
(Europa)

# Percusión

Los instrumentos de percusión suenan cuando se percuten, se frotan o se agitan.

## Membranófonos

Pandereta
(Europa y América)

Tambores parlantes
(África)

*Taiko* (Asia)

*Djembé*
(África)

Tabla (Asia)

## Idiófonos

Cuencos tibetanos
(Asia)

*Mbira*
(África)

*Kuge*
(África)

*Udu*
(África)

*Shekere*
(África)

*Angklung*
(Asia y Oceanía)

*Balafón*
(África)

Cajón
(Iberoamérica
y Europa)

Marimba
(Iberoamérica)

## Características del sonido

- **Duración:** lo largo o corto que es el sonido.

- **Tono** o **altura:** lo agudo o grave que suena una nota.

- **Intensidad:** lo fuerte o suave que suena. Se representa con palabras italianas y sus abreviaturas. *Forte* ***(f)***, *mezzoforte* ***(mf)***, *piano* ***(p)***.

- **Timbre:** lo que nos hace distinguir una voz de otra o un instrumento de otro.

## Elementos de la música

**RITMO:** Es el elemento principal de la música. Consiste en combinar sonidos y silencios de distintas duraciones. Se escribe con **figuras**.

**MELODÍA:** Es una sucesión ordenada de notas, donde se combinan el ritmo y la altura.

**ARMONÍA:** Consiste en la combinación de distintos sonidos a la vez. Según qué notas suenen, se producirá una armonía diferente.

## Signos de la partitura

- **Líneas divisorias:** separan los compases.
- **Doble barra final:** indica el final de la partitura.
- **Dobles barras de repetición:** indican desde dónde y hasta dónde hay que repetir un fragmento.
- **Calderón:** Prolonga la duración de una nota.
- **Casillas de 1ª y 2ª vez:** la segunda vez que se repite el fragmento se salta la casilla de 1ª vez y se pasa a la de 2ª.
- ***Da capo* y *Fine*:** D.C. indica que se repite desde el principio hasta la palabra *Fine*. Si no aparece *Fine*, repetimos la pieza entera de nuevo.

El libro de **Música** para **4.º de Primaria** forma parte del Proyecto Editorial de Educación Primaria de SM. En su realización ha participado el siguiente equipo:

**Autoría.** Ángel Müller Gómez, Nacho Martín-Vivaldi Martínez, Carmen Gil Martínez (funciones), Sara Rodríguez Notario (danzas)

**Letra y música de las secciones *Canción* y *Flauta*.** Nacho Martín-Vivaldi Martínez (letra y música de *Mi crucero musical*, *El camino desandado*, *Nipón gonikito tukoto*. Adaptación de *Dikole*, *Little Liza Jane*, *Las mañanitas*). Ángel Müller Gómez (música de *Tarantela italiana*, *Calipso*, *Nuevo mundo*. Adaptación de *Polca*, *Okina Kurino*, *La granja de Mac Donald*)

**Revisión pedagógica y musical.** Ángel Müller Gómez

**Edición.** Fátima Batista Ponce, Margarita Plata Serrano, Elena Rodríguez Murillo

**Corrección.** Andrea Mazas García

**Ilustración.** Xavier Salomó, María José García Simavilla, Antonio Moisés Lorenzo de las Cuevas, Lluís Filella García, El Rubencio, BRONCO ESTUDIO SCP

**Fotografía.** Sergio Cuesta / ARCHIVO SM; PHOTODISC; ALAMY IMAGES; THINKSTOCK; CORDON PRESS; 123RF; SHUTTERSTOCK; GETTY IMAGES; AGE FOTOSTOCK; ALBUM

**Audiciones.** Paco Arribas Producciones Musicales (estudio de grabación); Clara Engel Hamilton y Gabriel Engel Hamilton (cantantes); Charo Charro García y Jonatan Machín Méndez (actores)

**Edición gráfica.** María Pía Hidalgo Rey

**Diseño de cubierta e interiores.** Estudio SM

**Responsable del proyecto.** Sara Navas San Millán

**Coordinación de contenidos digitales.** Mara Mañas Martínez

**Coordinación editorial de Música.** Nuria Vallina Fernández-Montes

**Coordinación editorial de Primaria.** Nuria Vallina Fernández-Montes y Nuria Corredera Arana

**Dirección de Arte del proyecto.** Mario Dequel Losa

**Dirección editorial.** Aída Moya Librero



Todas las actividades contenidas en este libro han de ser realizadas en un cuaderno aparte, nunca en el propio libro. Los espacios incluidos son meramente indicativos y su finalidad es puramente didáctica.

**Gestión de las direcciones electrónicas**
Debido a la naturaleza dinámica de internet, SM no puede responsabilizarse de los cambios o las modificaciones en las direcciones y los contenidos de los sitios web a los que remite en este libro. Con el objeto de garantizar la adecuación de las direcciones electrónicas de esta publicación, SM emplea un sistema de gestión que redirecciona las URL que con fines educativos aparecen en la misma hacia diversas páginas web; entre otras de uso frecuente: http://es.wikipedia.org, www.youtube.es. SM declina cualquier responsabilidad por los contenidos o la información que pudieran albergar, sin perjuicio de adoptar de forma inmediata las medidas necesarias para evitar el acceso desde las URL de esta publicación a dichas páginas web en cuanto tenga constancia de que pudieran alojar contenidos ilícitos o inapropiados. Para garantizar este sistema de control es recomendable que el profesorado compruebe con antelación las direcciones relacionadas y que comunique a la editorial cualquier incidencia a través del correo electrónico ediciones@grupo-sm.com.


ISBN General: 978-84-675-7559-0
ISBN Andalucía: 978-84-675-7560-6
ISBN Madrid: 978-84-9182-240-0
ISBN Murcia: 978-84-9182-241-7
Depósito legal: M-638-2019
Impreso en la UE / *Printed in EU*

Este libro está impreso en papel procedente de bosques gestionados de manera sostenible.